DOLOMITEN
GRÖDNER TAL

Norbert Mussner

KOMPASS Wanderbuch

Norbert Mussner

Jahrgang 1928, ist in St. Ulrich/Gröden geboren; 30 Jahre lang unterrichtete er an den dreisprachigen Grundschulen in Gröden (deutsch, italienisch, ladinisch). Er ist sein Leben lang ein begeisterter Naturfreund und Alpinist und kennt alle Gipfel und Winkel seines vielgerühmten Heimattales bestens.
Seit seiner Pensionierung ist er auch als geprüfter Fremden- und Bergwanderführer unterwegs.

Der 1960 erschienene »Wanderführer durch Gröden« erlebte 16. Auflagen und wurde 2001 durch dieses KOMPASS-Wanderbuch ersetzt, das auch in italienischer und englischer Sprache erhältlich ist.

© **KOMPASS-Karten GmbH · A-6063 Rum/Innsbruck**

2. Auflage: 2003 · ISBN 3-85491-180-7· Verlagsnummer 989

Text und Fotografie: Norbert Mussner
Redaktion: Walter Theil
Lektorat: Barbara Hörmann

Bildnachweis:
Titelbild: Blick zum Langkofel (Tourismusverband Gröden)
Bild Innentitel Seite 1: Langkofelmassiv (Norbert Mussner)
Foto S. 3: Die sonnenbeschienene Gipfelabdachung des Piz Duleda befindet sich in der Bildmitte ober dem schlanken Liëtresturm. Der Aufstieg bis zur Nivesscharte, am Fuße der Abdachung, führt über die dem Betrachter abgewandte Bildseite (Norbert Mussner)

Grafische Herstellung: wt-BuchTeam
Wanderkartenausschnitte: © KOMPASS-Karten GmbH
Höhenprofile: wt-BuchTeam

Da die Angaben eines Wanderführers in der heute so schnellebigen Zeit fast ständig Veränderungen unterworfen sind, kann für die Richtigkeit keine Gewähr übernommen werden. Auch lehrt die Erfahrung, dass Irrtümer nie ganz zu vermeiden sind. Für Berichtigungen und Verbesserungsvorschläge ist die Redaktion stets dankbar. Korrekturhinweise bitte an folgende Anschrift:

Walter Theil, Egerlandstraße 11, 84518 Garching/Alz,
Telefon 0049-(0)8634/68 98 03, Fax 0049- (0)8634/68 98 04
E-mail: WTheil@t-online.de
oder an
KOMPASS-Karten GmbH, Kaplanstraße 2, A-6063 Rum/Innsbruck,
Telefon 0043-(0)512/26 55 61-0 · Fax 0043-(0)512/26 55 61-8
E-mail: kompass@kompass.at
http://www.kompass.at

Die Dolomiten oder »Das Land der Bleichen Berge«

Sicher haben auch Sie sich, liebe Leserin, lieber Leser, die Frage gestellt, was den eigentümlichen Zauber, die Faszination dieser Berglandschaft ausmacht, die Sehnsüchte weckt und Herzen höher schlagen lässt. Die Antwort liegt auf der Hand: Die eigenartige, kennzeichnende Schönheit der Dolomitenlandschaft besteht in dem unmittelbaren Aufragen selbständiger Felskolosse aus der Wald- und Almregion. Hinzu kommt der Formenreichtum dieses Gebirges. Imposante Felsburgen stehen manchmal dicht neben schlanken Türmen und filigranen Zacken. Jeder Dolomitengipfel hat markante, einprägsame Formen. Die Gestalten von Schlern, Drei Zinnen oder Langkofelgruppe sind unverwechselbar, sie heben sich ab vom Gros der übrigen Alpengipfel. Isoliert, frei aufragend stehen sie in der Landschaft, und der Bergwanderer kann sie zu Fuß oder mit Ski umrunden, z.B. die Drei Zinnen, den Monte Pelmo, die Langkofel- und die Sellagruppe. Die Senkrechte beherrscht das Landschaftsbild! Die Wanderwege ziehen vielfach knapp unter den Felswänden dahin, und man kann mit bloßem Auge die Artisten der Vertikale bei ihren halsbrecherischen Übungen beobachten.

Zur Formenvielfalt gesellt sich die Buntheit des Gesteins. Die hellen ockergelben Felswände der Rosengartengruppe, der Tofane oder der Geislerspitzen kontrastieren scharf mit dem Braun, dem Dunkelgrün und Schwarz der einstmals abgelagerten vulkanischen Laven. Am Südrand der Seiser Alm, am Puflatsch, am Col Raiser oder dem Piz Sella sind sie besonders gut aufgeschlossen. Das dunkle Violett des Porphyrs und das Backsteinrot des Grödner Sandsteins ergänzen diese einzigartige Farbpalette.

Setzen wir alles daran, die Schönheit und Vielfältigkeit der Dolomiten auch zukünftigen Generationen zu bewahren.

Norbert Mussner

INHALT

Seite

Vorwort	3
Deodat de Dolomieu – Namensgeber der Dolomiten	6
Erdgeschichtliches über die Dolomiten	7
Der Blumenschmuck der Dolomiten	8
Naturpark und Nationalpark	9
Wege, Steige, Markierungen	9
Wanderregion St. Ulrich	12
Wanderregion St. Christina	14
Wanderregion Wolkenstein	15
Allgemeine Informationen und nützliche Hinweise	16
Glossar, italienische und ladinische Begriffe	20
Hütten	21
Bergbahnen mit Sommerbetrieb	22

1	Vom Grödner Joch zur Edelweißhütte	26
2	Rundwanderung auf der Cislesalm	28
3	Von St. Ulrich zur Regensburger Hütte	30
4	Über den Poststeig nach St. Peter (hinter Lajen)	32
5	Schlernhaus	34
6	Schlernhaus – Tierser-Alpl-Hütte – Seiser Alm	36
7	Brogleshütte	38
8	Regensburger Hütte	40
9	Von der Raschötz zum Pedrutscher Hof	42
10	Von der Regensburger Hütte zur Steviahütte	44
11	Trostburg	46
12	Gröden 2000 – Umrundung Grödens	48
13	Von Wolkenstein zur Regensburger Hütte	52
14	St Jakobskirche	54
15	St. Ulrich – Ulëtahöfe	56
16	Über den Nives-Klettersteig auf den Piz Duleda	58
17	Durchquerung des Sellastocks	60
18	Von Monte Pana zur Langkofelhütte	64
19	Umrundung der Cirspitzen	66
20	Rund um die Langkofelgruppe	68
21	Klettersteig auf die Kleine Cirspitze	72
22	Von der Broglesshütte zur Panascharte	74
23	Durch das Langental zur Puezhütte	76
24	Von Monte Pana zum Berghaus Zallinger	78
25	Über den Adolf-Munkel-Weg ins Villnößtal	80
26	Vom Ciampinoi zur Langkofelhütte	82
27	Durch das Ampezantälchen zur Comicihütte	84

DOLOMITEN – GRÖDEN

28	Plattkofel	86
29	Seiser-Alm-Überquerung	88
30	Durch das Confinbachtal zur Langkofelhütte	90
31	Auf dem Palotasteig zur Steviahütte	92
32	Von der Puflatschhochebene über den Schnürlsteig	94
33	Von Wolkenstein auf das Grödner Joch	96
34	Auf den Col da la Piëres	98
35	Große Cirspitze	100
36	Von Monte Pana nach Saltria	102
37	Über die Langkofelscharte zur Langkofelhütte	104
38	Sëura-Sas-Alm	106
39	Vom Grödner Joch auf den Sas da Ciampac	108
40	Über die Panascharte zur Brogleshütte	112
41	Plattkofel	114
42	Die große Seiser-Alm-Runde	116
43	Vom Secedagipfel nach St. Ulrich	120
44	Tierser-Alpl-Hütte	124
45	Geislerspitzen	128
46	»Troi Paian« – Balést – Lech da Lagustel	132
47	Toni-Demetz-Hütte	134
48	Puezhütte	136
49	Aschgler Alm	138
50	Über die Vallongiahütte nach Plan de Gralba	140

(blau = leicht, rot = mittel, schwarz = schwer)

Stichwortverzeichnis 142

... und los geht's

DOLOMITEN – GRÖDEN

Bekannter als der Namensgeber und viele Jahre »der« Repräsentant der Dolomiten: Luis Trenker.

Deodat de Dolomieu – Namensgeber der Dolomiten

Das Kalziummagnesiumkarbonat-Gebirge im Süden des Alpenhauptkammes, das von den Flusstälern des Eisacks, der Etsch, von Rienz und Piave begrenzt wird – Ausnahme die Brentagruppe, die westlich des Etschtales liegt –, trägt den Namen des französischen Gelehrten, Mineralogen und Abenteurers Deodat de Dolomieu, (1750–1801), der als Erster den Unterschied dieses Gesteins zum gewöhnlichen Kalkstein feststellte. Chemische Formel: $CaMg(CO3)_2$. Ein Kuriosum: Der Gesteinsname wurde später auf alle Felsengebirge mit der gleichen chemischen Zusammensetzung übertragen. Im touristischen Sinn versteht man unter Dolomiten jedoch die von oben genannten Tälern begrenzte Gebirgsregion. Das Gebiet ist auf die Provinzen Bozen, Trient und Belluno aufgeteilt. Der touristische Name »Dolomiten« bürgerte sich aber erst nach dem Ersten Weltkrieg ein.

Erdgeschichtliches über die Grödner Dolomiten

Der Bau und die Geburt der »Bleichen Berge«, wie die Dolomiten im poetischen Überschwang auch genannt werden, vollzog sich im Meer, in einem Zeitraum von Millionen Jahren, und äußerst komplizierte Prozesse organischer,

chemischer und mechanischer Natur waren dazu notwendig.
Der Geologe unterscheidet zwei fundamentale Phasen bei der Entstehung der Dolomiten.

Zunächst die **Lithogenesis**, Beginn vor ca. 230 Millionen Jahren. Der Wissenschaftler versteht darunter das langsame Wachstum von Riffen und Karbonatplattformen im seichten, klaren, warmen Triasmeer durch das Wirken unzähliger kalkabscheidender Pflanzen und Tiere und die allmähliche Anhäufung ihrer Skelette (Foraminiferen) zu immer mächtiger werdenden Kalkmassen.

Die eigentliche Geburtsstunde der Dolomiten, die **Orogenesis**, fand statt, als sich der Meeresboden, der sich während der Riffbildung langsam aber stetig gesenkt hatte, ab einem gewissen Zeitpunkt zu heben begann. Ursache war die komplexe Kollision der afrikanischen mit der europäischen Kontinentalplatte, die u.a. dazu führte, dass wir heute zwischen Innsbruck und Wien »afrikanisches Gebirge« vorfinden. Die bis dahin im blauen Schoße des Urmittelmeeres aufgestapelten, gewaltigen Riffmassen, die sich in der Zwischenzeit dank eines noch nicht gänzlich erforschten Zementierungsprozesses zu Fels verwandelt und mit Magnesium angereichert hatten, wurden millimeterweise emporgeschoben und über den Meeresspiegel gehoben. Die ersten Dolomitengipfel ragten vor rund 20 bis 30 Millionen Jahren aus den Fluten der Thetys, des Urmittelmeers hervor.
Noch vorher aber lagerten von Zeit zu Zeit auftretende unterseeische Vulkanausbrüche riesige Lavadecken über den Meeresboden und um die Riffe ab, Aschewolken schütteten ihre Lapilli und Tuffe aus und deckten sie zu. Für die mannigfachen Riffgemeinschaften bedeutete das Ereignis Tod und Verderben. Die Atolle selbst, die heutigen Dolomiten, blieben dank dieser »Lavaverpackung« Jahrmillionen vor einer vorzeitigen Erosion geschützt. Diese dunklen Aschen und Laven und ihre Umwandlungsderivate kann der Wanderer besonders gut im Bereich der Berggasthöfe Dialer, Zallinger und Mahlknecht auf der Seiser Alm beobachten.

Gleich nachdem die heutigen Dolomiten den Meeresfluten entstiegen waren, traten die vielfältigen Kräfte von Erosion, Wind, Wasser, Spaltenfrost u.a.m. in Erscheinung. Zunächst wurde das Gebirge von seiner Magmaumhüllung befreit und erst dann wurde an den einstigen Karbonatplattformen (z.B. Schlern und Rosengartengruppe) gefeilt, abgetragen, gespalten und geschliffen. Während der Eiszeiten entstand allmählich das typische Dolomiten-Landschaftsbild, das geprägt ist von sanft geformten Almplateaus einerseits und senkrecht aufsteigenden filigranen Türmen, Zinnen und Zacken andererseits.

DOLOMITEN-GRÖDNERTAL

Das hier skizzierte erdgeschichtliche Geschehen betrifft die **Westlichen Dolomiten**, die aus magnesiareichem Kalk bestehen. Dazu gehören Langkofel, Schlern und Rosengartengruppe.

Die **Östlichen Dolomiten** hingegen (östlich des Grödner Jochs; Drei Zinnen, Tofana, Antelao, Sorapis und Civetta) weisen eine etwas andere Entstehungsgeschichte auf. Sie sind das Produkt langzeitlicher Meeresablagerungen, die nur schwach dolomitisiert, sprich magnesiaangereichert sind.

Der Blumenschmuck der Dolomiten

Das Vorhandensein von sauren und basischen Böden nebeneinander ist die Ursache der überraschend großen Vielfalt an Blumen. Bereits dem ersten nachweisbaren wissenschaftlichen Beobachter der Pflanzenwelt Tirols (J.N. Laicharding, 1754–1797) fiel der Einfluss auf, den Kalke einerseits und Kieselsäure andererseits auf die Pflanzenwelt ausübt. Grob formuliert haben wir also zwischen einer Kalk- und einer Kieselflora zu unterscheiden. Beispiel: die rostblättrige Alpenrose (Rhododendron ferrugineum) auf Urgestein (Quarzporphyr) und die bewimperte Alpenrose (Rhododendron hirsutum) auf Kalk- und Dolomitgestein. Außer der für die Dolomiten charakteristischen Massenvegetation gibt es die so genannten **Endemismen**, das sind seltene Blumen, die nur in einem bestimmten, begrenzten Gebiet vorkommen. Es sind wahrlich die Perlen unter der Dolomitenflora.

Einige Beispiele:
- Dolomiten-Kugelschötchen (Rhyzobotria alpina)
- Dolomiten-Hauswurz (Sempervivum dolomiticum)
- Presolana-Steinbrech (Saxifraga presolanensis, subsp. facchinii)
- Ganzblättrige Primel (Primula tyroliensis)
- Dolomiten-Glockenblume (Campanula morettiana)
- Dolomiten-Teufelskralle (Phyteuma comosum)

Zu den sprichwörtlichen Raritäten der Dolomitenflora zählen auch die Vertreter der so genannten »Reliktflora«, das sind jene Blumen und Pflanzen, die die Eiszeiten überlebt haben, weil sie auf hohen, eisfreien Bergkuppen angesiedelt waren.

Schutz der Flora

Es versteht sich von selbst, dass nicht nur die hier angeführten Endemismen unter rigorosem Schutz stehen, sondern alle kraut- und staudenartigen Pflanzen, die in der Provinz Bozen von Natur aus verbreitet sind und wild wachsen, weil sie für den alpinen Raum charakteristisch sind (Landesgesetz vom 28. Juni 1972, Nr. 13).

Naturpark und Nationalpark

Ins Wandergebiet von Gröden fallen die **Naturparks Schlern** und **Puez-Geisler**. Dank der Schaffung von Naturparks durch die Südtiroler Landesregierung sowie verschiedener Landschaftsschutzgesetze wurde dem Ausbau der winterlichen Sportinfrastruktur ein Hemmschuh vorgeschoben. Vor allem Gröden, das wegen der räumlichen Enge des Tals sehr behutsam mit Erschließungsmaßnahmen umgeht, kommt nun in den Genuss dieser Entwicklung.

Neben den acht **Naturparks** besitzt Südtirol auch den Stilfser-Joch-Nationalpark. Naturparks sind in ihrer Ausdehnung wesentlich kleiner und erlauben traditionelle Bewirtschaftungsformen, während es sich bei den **Nationalparks** um in der Substanz von Menschen nicht veränderte Großlandschaften handelt. Die Aufgaben beider Zonen betreffen den Natur- und Landschaftsschutz, die Forschung, die Erholung, Information und Bildung. Die Naturparks unterstehen dem Landesamt für Naturschutz und haben keine autonome Verwaltung im Gegensatz zu den Nationalparks, die selbständig sind und nationale bis internationale Bedeutung haben.

Der Wanderer erkennt die Grenzen der Naturparks an den dort aufgestellten Grenz- und Informationstafeln. Die angeführten Bestimmungen sind eine Selbstverständlichkeit und jedem naturbewussten Wanderer geläufig. Dennoch sollen folgende Grundregeln ins Gedächtnis gerufen werden:

- *Lass alle Pflanzen und Tiere unangetastet.*
- *Bring alle Abfälle wieder ins Tal.*
- *Nimm im erosionsgefährdeten Gelände keine Wegabschneider.*
- *Verursache keinen unnötigen Lärm.*

Anmerkung: Die in den Parks aufgestellten Weg- und Hinweisschilder unterscheiden sich von jenen der alpinen Vereine dadurch, dass sie aus imprägniertem, getöntem Holz sind sowie durch das Fehlen jeglicher rotweiß-roter Farbzeichen. Dadurch wirken sie zwar sehr naturverwachsen, sind aber aus der Distanz gesehen, im Wald und bei ungünstigen Lichtverhältnissen, schwerer auszumachen als die zweifarbigen AV-Tafeln. Im ladinischsprachigen Raum (Gröden, Gadertal/Alta Badia) sind sämtliche Hinweisschilder dreisprachig: deutsch, italienisch, ladinisch.

Wege, Steige, Markierungen

Südtirols Wanderwege sind insgesamt 11.000 km lang, so lang wie ein Viertel unseres Erdumfangs. Rund ein Zehntel davon, 1.100 km also, entfallen auf das Wandergebiet Gröden, das natürlich auch die Randzonen der Nachbartäler Villnöß, Hochab-

DOLOMITEN-GRÖDNERTAL

Das Wandern auf mehreren Etagen am Beispiel St. Christina: Talgrund, Wiesenterrasse von Monte Pana, Almen am Fuße des Langkofels (Mont de Sëura) und schließlich die Bergsteige.

tei/Alta Badia, Kastelruth und Waldzonen des oberen Fassatales tangiert. Weglänge genug, um ein Paar Schuhsohlen durchzulaufen. Zuständig für den Bau und die Erhaltung von alpinen Wegen und Steigen, Lawinenschutzbauten, Wildbachverbauungen u.s.w. sind die Alpenvereinssektionen des AVS und CAI bzw. die betreffenden Landesämter der Autonomen Provinz Bozen.

Da Gröden heute ein mustergültig hergerichtetes und beispielhaft markiertes Wanderwegenetz auszuweisen hat, das ein Verlaufen bei etwas Aufmerksamkeit und klarem Wetter fast ausschließt, kann sich der Bergwanderer freuen, dass er, befreit von Orientierungszweifeln, die grandiose Dolomitenlandschaft unbesorgt genießen kann.

Die Markierungszeichen sind wie üblich rot-weiß-rot oder nur rot-weiß. Wenn der Wegverlauf eindeutig ist, fehlt meistens die Markierungszahl. An Kreuzungen und Gabelungen aber scheint sie auf. Die von der **Lia de Mont** (Verbindung der im Tal wirkenden Alpenvereinssektionen des AVS und CAI) aufgestellten Wegtafeln und

Schilder sind rot-weiß-rot emailliert und zeigen Wegrichtung und Bestimmungsort an. In den meisten Fällen sind sie dreisprachig: ladinisch, deutsch, italienisch. Eine der zahlreichen Besonderheiten und Raritäten, mit denen die ladinischen Täler Südtirols aufwarten. Die Wege und Steige in den beiden Naturparks (Puez-Geisler und Schlern) werden vom Personal des Amtes für Naturparks der Südtiroler Landesregierung betreut. Während die Bodenmarkierungen identisch mit jenen des Alpenvereins sind, rot-weiß-rot bzw. rot-weiß, sind die Wegtafeln und -schilder in den Naturparks zum Leidwesen des Wanderers – wie bereits erwähnt – manchmal weniger auffallend.

Weder die einen noch die anderen weisen eine Zeitangabe auf. Man hat davon abgesehen, weil die Marschleistung der einzelnen Wanderer sehr unterschiedlich sein kann, besonders wenn man ihre Nationalität in Betracht zieht.

Die Tourenvielfalt Grödens oder das Wandern auf drei Geländeebenen

Die Geomorphologie des Tales weist an keiner Stelle Geländeflanken auf, die vom Talboden bis in die Gipfelregion reichen, wie dies in anderen Alpentälern häufig der Fall ist. Wir finden in Gröden allenthalben grüne Zwischenterrassen in Form von Hangverflachungen, Hangabsätzen oder großen Almplateaus, an deren Ränder dann die einzelnen Dolomitenstöcke aufragen. Dieser Umstand hängt mit der geologischen Schichtung, der Bodenbeschaffenheit des Tales zusammen. Harte und weiche Gesteinsschichten, die der Verwitterung ungleich starken Widerstand entgegensetzen, wechseln sich ab und werden in ungleichem Maße erodiert. Dies ist letztendlich die Ursache dafür, dass unterschiedliche landschaftliche Formen entstehen. Isoliert über den Almen und Passlandschaften aufragende Felsmassen sind typisch für das Landschaftsbild der Grödner Dolomiten.

Der Vielfalt der Geländeformen entspricht folglich auch eine Mannigfaltigkeit an Wander- und Tourenmöglichkeiten: Spaziergänge, Almwanderungen, Jochbummeleien, Höhenwege, Umrundungen, Jochüberschreitungen und »last but not least« auch stramme 3000er-Gipfelanstiege.

Eine Klarstellung

Eine Ortschaft namens **Gröden** gibt es nicht. Der Name bezieht sich auf das gesamte Tal. Neben der offiziellen Bezeichnung Grödner Tal (ital. Val Gardena, lad. Gherdëina) benutzt man uneingeschränkt, besonders in der Werbebranche, die Bezeichnung Gröden für dieses Südtiroler Dolomitental. Die erste urkundliche Erwähnung des Namens Gröden datiert übrigens aus dem Jahre 999, »forestum ad Gredine«, der Wald in Gröden.

Der Ort **St. Ulrich** hat als Alpinistenzentrum Tradition. Es war gegen Ende des 19. Jahrhunderts, als sich die ersten »Sommerfrischler« einfanden, vornehmlich be-

St. Ulrich		
Höhe	Fläche	Einwohner
1236 m	2423 ha	5500
Sprachgruppen (in %):		
lad. 83,95	dt. 11,07	it. 4,98
Gästebetten:		5900
Nächtigungen/Jahr:.		ca. 680.000
Tourismusverein:		
Tel. 0039/0471/79 63 28		
Fax 0039/0471/79 67 49		
ortisei@val-gardena.com		
Bergführerbüro:		
Tel. und Fax 0039/0471/79 82 23		
info@catores.com		

tuchte Bergsteiger und Wanderer, die die frische Bergluft genossen und Ausflüge auf die Almen rund um den Ort unternahmen.

Während die Wiener Gäste in den Jahren um 1900 meist im Gasthof Weißes Rössl – Post abstiegen, logierten die »Nordlichter« hauptsächlich im Schwarzen Adler auf der gegenüberliegenden Straßenseite, wo denn auch die Bergführer Pfeife rauchend auf der Bank vor dem Gasthof auf Gäste warteten. Damals ging man noch zu Fuß vom Ortszentrum über das Jéndertal und den Confinboden zur Langkofelhütte und kehrte über die Seiser Alm nach St. Ulrich zurück. Ein Tagespensum von 7–8 Stunden Wanderzeit galt als normal.

Der Tourismus war und ist in St. Ulrich aber nur das zweite wirtschaftliche Standbein. Viel, viel früher schon begann man mit der Holzschnitzerei, der Spielzeugherstellung und mit dem Altarbau. Aktivitäten, die die Grundlage für den relativen Wohlstand im Ort wurden. Der spekulative Geist der alten Illyrer lebt im Grödner weiter!

Heute haben moderne Schnitzmaschinen Stemmeisen und Schlägel weitgehend ersetzt. Die Arbeiten einiger Dutzend Bildhauermeister, die ihre Holzplastiken ausschließlich in Handarbeit herstellen, sind durch ein besonderes Gütesiegel versehen.

Die klassischen Wandergebiete von St. Ulrich

Die **Seiser Alm** ist mit ihren über 50 km^2 Ausdehnung das weitflächigste zusammenhängende Almgebiet Europas und mit den sie umgebenden Berggruppen – Schlern-Rosengartengebiet, Langkofelgruppe – eines der beliebtesten Wandergebiete der Alpen. Weil es sich bei dem vorliegenden Band um einen Auswahlführer handelt, kann nicht die ganze Vielfalt an Wandermöglichkeiten aufgezeigt und behandelt werden. Das halbe Dutzend an Möglichkeiten reicht jedoch aus, um sich ein nachhaltiges Bild von der Seiser Alm machen zu können. Der einst sprichwörtliche Blumenreichtum dieser Alm hat durch die heutzutage praktizierte intensive

WANDERREGION ST. ULRICH

Die monumentale Langkofelgruppe von der Bergstation der Umlaufbahn St. Ulrich – Seiser Alm.

Düngung leider einen empfindlichen Schaden erfahren.
Man erreicht die Seiser Alm von St. Ulrich aus mit einer hochmodernen Zweiseil-Umlaufbahn (Baujahr 1999) bzw. von Seis-Kastelruth auf einer Fahrstraße. Der Verkehr zur und auf der Alm selbst unterliegt Beschränkungen und Verboten.

Die **Seceda**, westlicher Ausläufer der Geislerspitzen, mit der Aschgler- und der Cislesalm: Während die Geislergruppe nur Kletterziele bietet, ausgenommen die Übergänge ins Villnöß- und Abteital (Wasser-, Roa- und Mittagsscharte), finden sich in der Steviagruppe, welche die Cislesalm im Osten begrenzt, lohnende Ziele für den anspruchsvollen Wanderer (Steviahütte, Puezhütte, Col da la Piëres und Piz Duleda). Abstiege nach St. Ulrich, St. Christina und Wolkenstein. Dank der Verbindung der beiden Almen mit St. Ulrich (Umlaufbahn plus Seilbahn) sind die einst abgeschiedenen Gebiete zur Naherholungszone für Gäste und Einheimische geworden. Während die Aschgleralm (auch Mastléalm genannt) für den Wintertourismus voll erschlossen ist, wurde die prächtige Cislesalm unter Landschaftsschutz gestellt (Naturpark Puez-Geisler).

Die **Raschötzalpe**, seit dem Jahre 2000 Teil des Naturparks Puez-Geisler, nördlich von St. Ulrich gelegen, gilt als dessen Aussichtsterrasse. Von ihrem zahmen Gipfel, 2280 m, kann man bei klarem Wetter an die 200 Gipfel ausmachen! Die Bergstation des Sessellifts ist Ausgangspunkt für eine leichte Wanderung zur Brogleshütte, die ihrerseits nicht nur Startplatz für die Begehung des bekannten Adolf-Munkel-Weges ins hinterste Villnößtal ist, sondern auch für die Überschreitung der hochalpinen Panascharte (2477 m, zur Secedaalm), deren Begehung durch die Anbringung allerlei technischer Hilfsmittel wesentlich gemildert worden ist. Von der Raschötz gibt es Abstiegswanderungen nach St. Ulrich, nach St. Peter hinter Lajen und ins Villnößtal (Flitscher Scharte).

Der Ort **St. Christina** liegt im geographischen Mittelpunkt der besiedelten Talhälfte und hat als stolzes Gegenüber den frei aufragenden Langkofel, 3181 m. Touristisches Zentrum des Ortes ist die

---

St. Christina

Höhe	Fläche	Einwohner
1428 m	3183 ha	1760

Sprachgruppen (in %)

lad. 92,87	dt. 4,86	it. 2,27

Gästebetten: 2800
Nächtigungen/Jahr: ca. 300.000
Tourismusverein:
  Tel. 0039/0471/79 30 46
  Fax: 0039/0471/79 31 98
  s.cristina@val-gardena.com
Bergführerbüro: im Tourismusbüro

Straßengabelung an den Hotels am Cislesbach, wenngleich Gemeindeamt sowie Tourismusbüro, Schule und Kirche weiter westlich liegen. Der Bach zwischen Dosses und Maciaconi ist gleichzeitig die Gemeindegrenze zu Wolkenstein, dessen Ortskern allerdings 2,5 km weiter taleinwärts liegt.

St. Christina hat sich dem Fremdenverkehr etwas später als St. Ulrich erschlossen, obschon der Wiener Alpinist Paul Grohmann als Quartier für die Vorbereitung und Durchführung seiner Langkofel-Erstbesteigung 1869 das Dorfgasthaus Dosses gewählt hat. Mit der Erbauung und Inbetriebnahme der Regensburger Hütte, 1885, gewann der Ort für Sommerfrischler und Bergsteiger an Bedeutung. Der entscheidende Impuls zur Entwicklung St. Christinas zum beliebten Ferienort – bis dahin war die heimgebundene Holzspielzeugindustrie der Hauptwirtschaftsträger gewesen – kam 1970 anlässlich der Alpinen Skiweltmeisterschaften und die dadurch errichteten Bergbahnen: Umlaufbahn auf den Ciampinoi, eine dem Langkofel vorgelagerte Kuppe, von der zwei Skirennstrecken ausgehen bzw. die Umlaufbahn zum Col Raiser, die zu den Almen unterhalb der Geislerspitzen führt.

Die klassischen Wandergebiete von St. Christina

Es sind dies die **Cislesalm** und die **Aschgler Alm** zu Füßen der Geislerspitzen. Während die Aschgler Alm (lad. Mastléalm) voll dem Skibetrieb erschlossen wurde, ist die landschaftlich und ökologisch wertvollere Cislesalm größtenteils unter Schutz gestellt (Naturpark

Puez-Geisler). Von St. Christina aus erreicht man sie mit der **Col-Raiser-Umlaufbahn**, deren Bergstation sich auf einem der beiden Almen vorgelagerten Wiesenhügel befindet. Eine Reihe von Schutzhütten, Berggasthöfen und Einkehrstätten, die vielfach durch Steige und Wirtschaftswege miteinander verbunden sind, liegen verstreut über die Almen und sorgen für Unterkunft sowie Speis und Trank. Die traditionsreiche **Regensburger Hütte** (ital. Rif. Firenze), das **Berghaus Col Raiser** und die **Fermedahütte** sind die wichtigsten Ausgangspunkte für Wanderungen und Hochtouren in der Geisler-Stevia-Puezgruppe.

Monte Pana, 1637 m, im Süden des Ortes auf einer sonnigen, erhöhten Geländeterrasse gelegen, ist durch einen Sessellift und eine Fahrstraße mit St. Christina verbunden. Die Wanderziele von dort aus sind die Langkofelhütte, das Berghaus Zallinger, am Südrand der Seiser Alm gelegen, sowie die Gasthöfe in Saltria, dem tiefsten Punkt dieser Alm.

Die Bergstation des Sesselliftes **Monte Pana – Mont de Sëura**, 2056 m (Weidehügel unmittelbar unter dem riesenhaften Langkofel) ist ein beliebter Startpunkt für die vielfältigsten Touren in und um die Langkofelgruppe, zur Comicihütte und zum Sellajoch. Von Monte Pana führen eine im Sommer für den Verkehr gesperrte, sanft ansteigende Forststraße so-

Auf der Cislesalm. Blick zur Kleinen und Großen Fermeda (Geislerspitzen).

wie ein ruhiger Waldwanderweg zur Seiser Alm.

Spricht man von **Wolkenstein**, so denkt der Gast in erster Linie an die rasanten Skipisten rund um den Ort, an Weltcuprennen und Après-Ski-Angeboten und erst an zweiter Stelle an sommerliche Freizeitaktivitäten wie Bergwandern und Bergsteigen. Zu Unrecht, denn Wolkenstein liegt dichter als die beiden anderen Ortschaften an Grödens Hausbergen, dem Langkofel, der Sellagruppe und den Cirspitzen. Die Bergstationen der großen Bahnen auf den **Ciampinoi**, 2254 m, oder zur **Dantercëpies**, 2300 m, die vor allem für die Skifahrer konzipiert wurden, sind in der Sommersai-

> **Wolkenstein**
>
> | Höhe | Fläche | Einwohner |
> |---|---|---|
> | 1563 m | 5327 ha | 2470 |
>
> **Sprachgruppen (in %)**
> lad. 88,3 dt. 5,98 it. 5,72
> **Gästebetten:** 8.000
> **Nächtigungen/Jahr:** ca. 1.000.000
> **Tourismusverein:**
>   Tel. 0039/0471/79 51 22
>   Fax 0039/0471/79 42 45
>   selva@val-gardena.com
> **Bergführervereinigung:**
>   Tel. und Fax 0039/0471/79 41 33
>   guide-alpine@val-gardena.com

son Startorte einer Reihe von Hochgebirgswanderungen der Superlative. Und gerade die aktiven und tatendurstigen Bergwanderer und Alpinisten wissen es durchaus zu schätzen, dass man mit Hilfe dieser Bahnen die Möglichkeit hat, auch weit entfernte und entlegene alpine Ziele an einem Tag zu erreichen.

Die Pässe **Grödner-** und **Sellajoch**, die ebenfalls Ausgangspunkte für Klettertouren, Hüttenanstiege, gemütliche Jochbummeleien sowie stramme Hochgebirgswanderungen sind, liegen nur jeweils 15 Autominuten vom Ortszentrum entfernt. Nachdem aber der öffentliche Bus-Linienverkehr von und zu den Pässen reich an Fahrtmöglichkeiten ist, wird man in den meisten Fällen auf das eigene Auto verzichten können.

Schließlich ergeben sich vom Ort selbst aus eine Menge von Spaziergängen und Kurzwanderungen, von denen nur jene nach Monte Pana (Seiser Alm), zur Regensburger Hütte oder ins Langental hervorgehoben seien.

Wolkenstein hat zudem von den drei Gemeinden Grödens den flächenmäßig größten Anteil am Naturpark Puez-Geisler.

Allgemeine Informationen und nützliche Hinweise

Anreisewege nach Gröden

Mit dem Auto
Von Norden über den **Brenner** erreicht man die Ortschaften des Grödner Tales auf einer gepflegten Zufahrtsstraße, die unmittelbar an der Autobahnausfahrt Klausen – Gröden/Chiusa – Val Gardena, 52 km ab Brenner, beginnt.
Nach St. Ulrich sind es von dort 18 km, nach St. Christina 23 km und nach Wolkenstein 26 km (minimale Steigung). Von Süden (Bozen), auf der Brenner-Staatsstraße anreisend, zweigt man knapp vor der Ortschaft Waidbruck (Brücke, Tunnel, Ponte Gardena) rechts ab. Der Ort befindet sich an der Mündung des Grödner Tales ins Eisacktal. Entfernungen von Bozen: St. Ulrich 33 km, St. Christina 38 km, Wolkenstein 41 km.

Eisenbahn
Von Norden kommend: Vom Zugbahnhof Brixen 30 km; IC- und EC-

INFORMATIONEN

Das filigrane Nadelwerk der Cirspitzen, im Norden des Grödner Jochs und mit Umlaufbahnverbindung nach Wolkenstein.

Züge halten hier. Busverkehr der SAD-Gesellschaft im Anschluss an die wichtigsten Schnellzüge; Taxidienst.

Von Süden kommend: Bahnhof Bozen; Busverkehr ins Tal mehrmals täglich (Autobusbahnhof bzw. Haltestelle am Bahnhofsplatz); Taxistand am Bahnhof. Auskunft (zum Ortstarif): 89 20 21.

Öffentliche Busdienste

Mehrmals am Tag günstige Verbindungen mit Bozen und Brixen. Während der Saison besteht im Tal selbst eine regelmäßige Busverbindung zwischen diesen Ortschaften im ½-Stunden-Takt.

Ebenso werden auch Fahrten zu den sehr beliebten Ausflugszielen Grödner Joch und Sellajoch (Pordoijoch) sowie zur Seiser Alm (über Kastelruth) angeboten.

Der öffentliche Busdienst der SAD-Gesellschaft (Südtiroler Autobus-Dienst; Farben silber und orange) bildet zusammen mit den Bergbahnen in Gröden jene Infrastruktur, die es dem Touristen ermöglicht, sein Betätigungsfeld relativ weit auszudehnen. Der Fahrplan weist neben den schon erwähnten Fahrten zu und von den Pässen Grödner Joch, Sella- und Pordoijoch sowie zur Seiser Alm auch weitere Verbindungen in die verschiedenen Nachbartäler auf. Linienbusse verkehren regelmäßig nach Bozen, Brixen und Klausen.

In den Verkehrsämtern und in den Bussen sind leicht verständliche Faltfahrpläne im Taschenformat kostenlos erhältlich.

INFORMATIONEN

Auskünfte für Fahrgäste zum Nulltarif (Busse) unter 800/84 60 47.

Mit dem Flugzeug

ABD-Airport Bozen Dolomiten: täglich Flüge von und nach Frankfurt und Rom (Informationen: Tel. 0471/25 40 70). Außerdem die Flughäfen Innsbruck und Verona.

Wetter

Im Gebirge ändern sich die Wetterverhältnisse oft schlagartig, auch wenn der Tag mit Sonnenschein beginnt. Regen und Gewitter sind am Nachmittag wahrscheinlicher. Ein Grund frühzeitig aufzubrechen.

Amtlicher Wetterbericht

vom Hydrographischen Institut der Provinz Bozen
Internet: www.provinz.bz.it/meteo
Telefon-Tonband: 0471/27 11 77
Fax-Abruf: 0471/27 05 55

Bekleidung

So schön und anziehend die Dolomiten bei sonnigem Wetter auch erscheinen, bei plötzlichem Nebel, Regen oder Schnee sind sie so abweisend, so gefährlich wie alle übrigen Berge der Alpenkette. Schneefälle mitten im Hochsommer sind über der 2500-Meter-Marke keine Seltenheit.

Rucksack

Er sollte möglichst leicht sein, aber die unerlässlichen Ausrüstungsgegenstände beinhalten: ein Wechselhemd, eine leichte Windjacke, ein Paar lange Hosen, wenn man mit kurzen gestartet ist, eine warme Fleecejacke, einen Regenschutz, Sonnenbrille und Sonnencreme. Nur hohe Schuhe mit Profilsohle bieten guten Halt.

Proviant

Nicht zu viel mitnehmen! In den Dolomiten sind die Schutzhütten maximal 3 Stunden voneinander entfernt. Eine gute Jause genügt in den meisten Fällen. Unerlässlich hingegen ist eine Trinkflasche. Tee oder Fruchtsäfte sind das Richtige. Obst nicht vergessen.

Akklimatisation

Vor allzu strapaziösen Bergfahrten gleich zu Beginn des Urlaubs seien vor allem die untrainierten »50-plus«-Urlauber gewarnt. Eingehtouren zur Lockerung der Muskeln und zur Anpassung des Organismus an die sauerstoffärmere Höhenluft sind vonnöten. Bei Auftreten der so genannten Bergkrankheit, die auch bei jüngeren Menschen zu beobachten ist (Atemnot, auffallende Ermüdung, schneller Puls ...), bringt nur der Abstieg in tiefere Lagen rasche Besserung. Kaffee, Tee sowie alle übrigen gezuckerten Getränke helfen meistens nur vorübergehend wieder auf die Beine.

Hitzegewitter

Eine nicht zu unterschätzende objektive Gefahr für den sommerlichen Bergwanderer bilden die im August regelmäßig bei großer Hitze und Schwüle auftretenden Gewitter. Man konsultiere den

Wetterbericht und beobachte den Barometerstand: Fällt der abrupt, so droht Gefahr! Weil sich die Hitzegewitter in der Regel in den mittleren Nachmittagsstunden bilden, wird man gegebenenfalls eine frühere Rückkehr einplanen. Wer trotzdem vom Wetter überrascht wird, der beherzige folgende Regeln, die aber natürlich keine hundertprozentige Garantie geben:

• *Meide Gipfel, Grate und Rinnen; halte dich nie unter einem frei stehenden Baum auf; vermeide es, den höchsten Punkt im Gelände zu bilden.*
• *Eine Wandergruppe sollte auf keinen Fall in geschlossener Formation im Freien lagern, sondern sich verteilen.*
• *Gibt es weit und breit keinen Unterschlupf, und das Gewitter ist über dir, so verharre in Kauerstellung auf dem Seil, dem Rucksack oder der mitgeführten Sitzmatte und halte die Knie geschlossen.*

Einzelgänger

Man sollte möglichst nie allein die Berge besteigen und sich nicht auf das mitgeführte Handy verlassen (Notrufnummer 118). In den abgeschirmten Felsovalen, den engen Tälern, Schluchten und Mulden wartet man vergebens auf Antwort!

Sauberkeit und Rastplätze

Nichts verletzt das Sauberkeitsempfinden des Bergwanderers mehr als verschmutzte Bergwege und verunreinigte Rastplätze! Helfen Sie mit, dies zu vermeiden!

Gehzeiten, Schwierigkeitsbewertungen

Die im Führer angegebenen Wanderzeiten und Schwierigkeitsbewertungen entsprechen der Leistung eines im alpinen Gehen durchschnittlich tüchtigen Bergwanderers. Sie geben in jedem Falle nur die reine Wanderzeit an. Wegen der unterschiedlichen Leistungen sind im Wandergebiet Gröden auch keine Gehzeiten auf den Hinweisschildern vermerkt.

Bergrettung und andere medizinische Notfälle

Rufnummer: 118. Der Anruf ist gebührenfrei.

Das Rettungswesen (alle medizinischen Notfälle, Bergunfälle usw., ital. emergenza sanitaria) ist landesweit zentralisiert worden. Durch die Wahl der 118 sind Sie in Südtirol mit der Notrufzentrale Bozen verbunden. Sie leitet die Unfallmeldung an die zuständige Rettungsmannschaft bzw. den Krankenwagen weiter, alarmiert Krankenhaus und Notarzt.

Der Bergrettungsdienst Gröden, **»Aiut Alpin Dolomites«** genannt, ist auf freiwilliger Grundlage aufgebaut. Er operiert, nach Alarmierung durch die Notrufzentrale in Bozen, im Normalfall nur in den vier ladinischen Tälern rund um den Sellastock; in besonderen Notlagen auch in ganz Südtirol. Es handelt sich um eine hoch qualifizierte Mannschaft mit großer Erfahrung, die dank dem in St. Ulrich stationierten Hubschrauber und der Ortskenntnis der einheimischen Piloten Verletztenbergungen in kürzester Zeit durchführt. Fehlalarme sind mit Zeitverlust und Spesen verbunden. Diese können weitgehend verhindert werden, indem der Gast vor Antritt einer Hochgebirgswanderung bei seinem Quartiergeber den mutmaßlichen Streckenverlauf und die ungefähre Rückkehrzeit angibt. Man verlasse sich in keinem Fall auf das mitgeführte Handy. In den von Bergen abgeschirmten Räumen (Funklöcher) ist es in vielen Fällen nutzlos!

Glossar

Zur Leseart der ladinischen Eigennamen

c wird vor **e** und **i** wie tsche und tschi ausgesprochen, z.B. Cisles = Tschisles, Cir = Tschier; vor allen übrigen Lauten bleibt es hart, z.B. Cuca = Kuka, Col = Kol, Chedul = Kedul;

c am Ende eines Wortes ist weich, z.B. Pic = Pitsch

ch am Ende eines Wortes ist hart wie **k**, z.B. Lech = Lek

gh vor **e** und **i** = g, z.B. Gherdëina (Gröden) = Gerdeina;

ë ladinischer Vokallaut, der in etwa dem deutschen Verlegenheits-**e** gleichkommt

j entspricht dem französischen **j** in Journal, nicht dem deutschen; Juac (Flurname) = Schuatsch

Italienische und ladinische Ausdrücke bzw. Abkürzungen

Albergo = Gasthof
Capanna = Hütte
Col = Hügel
Forcella, Furcela = Scharte, Joch
Lago, Lech = See, Teich
Malga = bewirtschaftete Sennhütte, Schwaige
Pian, Plan = Almboden, Geländeverflachung
Rifugio, Hitia = Schutzhütte
Sasso, Sas = Fels, Kofel, Gipfel
Troi (lad.) = Pfad, Steig
Val = Tal, Felsschlucht
A.V.S. = Alpenverein Südtirol
C.A.I. = Club Alpino Italiano

Erdkundliche Ausdrücke

Karrenhochfläche = rinnenreiche, verkarstete Hochfläche
Schrofen = ungefährliche Felsklippen
Tobel = kleine Waldschlucht
Steinmännlein = lose aufgetürmter Steinhaufen, der den Wegverlauf anzeigt
Halde = Schuttkegel unter den Felswänden
Kar = felsumringtes Oval
Latschen = Legföhre
Schneide = Fels- und Wiesenkamm
Lahn = Mure, Schuttmasse
Schwaige = bewirtschaftete und bewohnte Almhütte
Matten = Almwiesen
Zirm = Zirbelkiefer, Arve

HÜTTEN/GASTHÖFE

Hütten

»Hütte ist nicht gleich Hütte«
Unter dem Begriff Hütte versteht man in alpinen Kreisen im Allgemeinen einen soliden, gemauerten Bau mit Unterkunfts- und Verpflegungsfunktion. Der Wanderboom der letzten Jahrzehnte und der Skibetrieb haben in Südtirol eine Flut von Wanderstützpunkten entstehen lassen. Schlichte Sennhütten wurden zu Einkehrstätten und Jausenstationen umfunktioniert, kleinere und größere Holzblockbauten mit Imbiss- und Restaurationstätigkeit sind entstanden. Auf Wanderkarten und Wegschildern sind sie nicht selten als »Hütte« zu finden, obwohl sie keine Beherbergungsmöglichkeit aufweisen. Kein Zweifel, man wird auch dort vorzüglich bewirtet, doch echte Schutzhütten im traditionellen Sinn sind sie nicht. Wer längere Touren mit Nächtigungen plant, sollte dieser Tatsache Rechnung tragen.

Hüttenbewirtschaftung
Die Öffnung und Schließung der Schutzhütten ist nicht einheitlich geregelt. Die Dauer der Bewirtung ist abhängig von der Lage und der Meereshöhe und von der Gunst der Witterung bzw. von

---

Die unten angeführten Betriebe sind Schutzhütten im traditionellen Sinn (AVS, CAI, priv. geführt) oder höhergelegene Berggasthöfe

		Telefon
Boèhütte/Rif. Boè (CAI-SAT)	1.07. – 20.10.	0471/84 73 03
Brogleshütte/Rif. Brogles (priv.)	1.06. – 15.10.	0471/65 56 42
Col-Raiser-Hütte/Rif. Col Raiser (priv.)	1.06. – 15.10.	0471/79 63 02
Comicihütte/Rif. Comici (priv.)	15.06. – 30.09.	0471/79 41 21
Fermedahütte/Rif. Fermeda (priv.)	ganzjährig bew.	0471/79 67 68
Berggasthof Frara (priv.)	ganzjährig	0471/79 52 25
Langkofelhütte/Rif. Vicenza al Sassolungo (CAI)	15.06. – 30.09.	0471/79 23 23
Mahlknechthütte/Rif. Molignon (priv.)	ganzjährig bew.	0471/72 79 12
Pisciadùseehütte/Rif. Cavazza al Pisciadù (CAI)	1.07. – 20.09.	0471/83 62 92
Plattkofelhütte/Rif. Sasso Piatto (priv.)	20.06. – 30.09.	0462/60 17 21
Puezhütte/Rif. Puez (CAI)	20.06. – 30.09.	0471/79 53 65
Puflatschhütte/Rif. Bullaccia (AVS)	Sommer u. Winter	0471/72 78 34
Raschötzhütte/Rif. Rasciesa (CAI)	geschlossen z. Zt. im Umbau	
Regensburger Hütte/Rif. Firenze in Cisles (CAI)	Mai – Ende Okt.	0471/79 63 07
Schlernhaus/Rif. Bolzano al Monte Pez (CAI)	10.06. – 05.10.	0471/61 20 24
Sellajochhaus/Rif. Passo Sella (CAI)	ganzjährig bew.	0471/79 51 36
Schlüterhütte/Rif. Genova (CAI)	20.06. – 30.09.	0472/84 01 32
Steviahütte/Rif. Stevia (priv.)	01.07. – 01.10.	0347/26 67 691
Tierser-Alpl-Hütte/Rif. Alpe di Tires (priv.)	15.06. – 05.10.	0471/72 79 58
Toni-Demetz-Hütte/Rif. Toni Demetz (priv.)	01.06. – 10.10.	0471/79 50 50
Berghaus Zallinger (priv.)	ganzjährig bew.,	0471/72 79 47

HÜTTEN/GASTHÖFE/BERGBAHNEN

Die Comicihütte unter der Langkofel-Nordwand.

der Schneemenge, die bei Saisonbeginn auf den Höhen liegt. Die angeführte Betriebsdauer kann somit geringfügigen Änderungen unterworfen sein. Bei Hochgebirgstouren in der Vor- und Nachsaison sollte man vor Antritt der Fahrt Erkundigungen einholen.

Bergbahnen mit Sommerbetrieb

St. Ulrich

Auf der **Seiser Alm**, 1236 m-2005 m. Die Umlaufbahn wurde im Dezember 1999 in Betrieb genommen und ersetzt die 1935 erbaute und mehrmals vergrößerte Seilbahn. Die Anlage verbindet den Hauptort des Grödner Tales mit einer der weitflächigsten und landschaftlich schönsten Hochflächen in den Alpen. Ein Wandergebiet für Gemütliche und Anfänger. **Parkgarage** an der Talstation. **Zugang:** vom Antoniusplatz über den Grödner Bach, dann 150 m rechts weiter.

Auf die **Seceda**, 1250 m-2453 m. Bergbahn in zwei Abschnitten, die vor allem im Winter großen Zulauf verzeichnet. Der erste Trakt ist eine Umlaufbahn, der zweite eine Seilbahn. Ausgangspunkt für Touren in die Geisler-, Puez- und Steviagruppe. Abstiegswanderungen nach St. Ulrich und St. Christina. **Parkgarage** an der Talstation. **Zugang:** zu Fuß von der Pfarrkirche die Sacunstraße ansteigen und an der ersten Teilung links; mit dem Pkw: Pfarrkirche – Annabachbrücke – Romstraße, dann rechts nochmals über die Brücke. Vom Antoniusplatz über die Rolltreppe und Fußgänger-Tunnelverbindung »La Curta«.

Auf die **Raschötzalpe**, 1345 m-2136 m. Der Einersessellift durchmisst den gesamten Raschötzerwald nördlich von St. Ulrich. Fahrzeit gute 15 Min. Beliebter Ausgangspunkt für Kurzwanderungen. Von dem leicht erreichbaren Gipfel (¾ Std.) erblickt man an die 200 Gipfel! Einkehr an der Bergstation. Beliebter Ausgangspunkt für die Wanderung zur Brogleshütte. **Zugang:** von der Pfarrkirche über die Annabachbrücke und an der Gabelung am Gemeindehaus links aufwärts, dann an der nächsten Teilung rechts; 10 Min. Bescheidene **Parkmöglichkeit** in Liftnähe (sonst in der nahen Parkgarage Seceda).

Seiser Alm

Sessellift Sonnen, 1858 m–2005 m. Der Sessellift verbindet das Sporthotel Sonne mit der Bergstation der Bahn nach St. Ulrich (und erspart den Fußaufstieg).

Gasthaus Monte Piz – Hotel Icaro, 1780 m–1900 m. Der Sessellift verbindet die beiden Gasthöfe im zentralen Teil der Alm.

Kompatsch – Ghs. Panorama, 1880 m–2009 m. Die Bergstation (auf dem Jochbühel) des Vierersessellifts ist auch Ausgangspunkt für Wanderer zur Tierser-Alpl-Hütte. Die Talstation befindet sich ein paar Min. östlich der Haltestelle der von Gröden kommenden Busse. Gebührenpflichtiger **Parkplatz** in der unmittelbaren Nähe.

Kompatsch – Puflatsch, 1860 m–2119 m. Zweiersessellift, für Wanderungen auf der Puflatschalm. **Zugang:** vom Hotel Plaza, Bushaltestelle, links, nördlich, abzweigend und 100 m hinauf. Gebührenfreier **Parkplatz** in der Nähe.

Saltria – Comunbühel (Williamshütte), 1700 m–2100 m. Die Talstation des Vierersessellifts liegt in der weiten Almmulde von Saltria, in der Nähe der Hotels Floralpina und Saltria (Endpunkt der Seiser-Alm-Buslinie). Die Bergstation ist wenige Minuten vom Berggasthaus Zallinger entfernt. Sie ist Ausgangspunkt für Wanderungen im Südteil der Seiser Alm (Friedrich-August-Weg, Plattkofelhütte, Langkofelhütte, Abstieg nach Monte Pana u.a.m.). Saltria erreicht man von der Bergstation der Umlaufbahn St. Ulrich – Seiser Alm auf Weg 9 in 1¼ Std.

St. Christina

St. Christina – Monte Pana, 1428 m–1637 m (Doppelsessellift mit Anschlusslift auf den Mont de Sëura). Die Geländeterrasse im Süden des Ortes, die das Sporthotel Monte Pana und das Hotel Cendevaves beherbergt, ist Ausgangspunkt für Wanderungen zur Seiser Alm, zur Comicihütte und zum Sellajoch. **Zugang** vom Hotel Post. **Parkplatz** an der Talstation des Sessselliftes.

Monte Pana – Mont de Sëura, (1637 m–2056 m). Die Bergstation

BERGBAHNEN – ST. CHRISTINA

Blick vom Ciampinoigipfel auf das schräge Plateau der Stevia, das senkrecht zum Langental abfällt. Im Hintergrund die Geislerspitzen.

des Doppelsessellifts liegt unmittelbar unter der Nordwestwand des Langkofels. Prachtblick über die gesamte Seiser Alm, auf St. Ulrich, St. Christina sowie die übrige Grödner Bergwelt. Nächster Ausgangspunkt für Besuche der Langkofelhütte. Einstieg in die Rundtour um den Langkofel bzw. um die Langkofelgruppe.

St. Christina – Col Raiser, 1500 m–2107 m. Die Umlaufbahn bildet einen wertvollen Ausgangspunkt für Wanderungen und Ausflüge zu den verstreut auf der Aschgler- und Cislesalm liegenden Hütten und Berggasthöfen sowie für Touren in die Geisler-, Puez- und Steviagruppe. Integriert in die Bergstation ist der Berggasthof Col Raiser mit Restaurant, Aussichtsterrasse und Beherbergung. Unweit des Hauses verläuft die Naturparkgrenze Geisler-Puez. **Zugang:** von der Bushaltestelle an den Hotels Dosses und Maciaconi nördlich, den Bach zur Linken, aufwärts bis zur Kunstschule und dort links abzweigen; zu Fuß 10–15 Min. (Pendeldienst mit Kleinbus!). Gebührenpflichtiger **Parkplatz** an der Talstation.

Aschgleralm
(auch Mastléalm genannt)

Fermedahütte – Secedagipfel, 2010 m – 2453 m. Die Talstation des Vierersessellifts liegt 100 m unterhalb der Fermedahütte, die vom Col-Raiser-Lift auf gutem Weg in 20 Min. erreicht wird. Die

Anlage ist ein Glied in der Liftkette, die St. Christina mit der Bergstation der von St. Ulrich heraufführenden Seceda-Seilbahn verbindet.

Wolkenstein und Umgebung

Wolkenstein – Ciampinoigipfel, 1563 m–2250 m. Die Umlaufbahn führt vom Ortskern direkt auf den Hausberg von Wolkenstein. Neben den Prachtblicken zu allen Grödner Hausbergen – die Langkofelwände sind fast zum Greifen nahe – ist die Bergstation mit Bar- und Restaurationsbetrieb auch ein beliebter Ausgangspunkt für Abstiegswanderungen nach Plan de Gralba und Monte Pana. Übergang zur Comicihütte und weiter zum Sellajoch. **Parkplatz** direkt an der Talstation sowie Parkgarage.

Wolkenstein – Dantercëpies, 1645 m–2300 m. Die Bergstation der Umlaufbahn liegt auf einer Geländeschulter, 180 m über dem Grödner Joch. Von der Bergstation aus lassen sich Touren in die Cir- und in die Puezgruppe ausführen. **Zugang:** die Anfahrtsstraße, die am Hotel Krone beginnt, empor. Gebührenfreies **Parken** an der Talstation.

Sellajoch – Langkofelscharte, 2200 m–2681 m. In unmittelbarer Nähe des Sellajochhauses befördert der Kabinenlift den Touristen in wenigen Minuten in das großartige, wandüberhöhte Joch zwischen Langkofeleck und Fünffingerspitze. Abstieg zur Langkofelhütte. An der Bergstation liegt die private Toni-Demetz-Hütte. Günstiger Stützpunkt für die Langkofelumrundung.

Klettersteige, versicherte Felssteige

Empfehlung: An Klettersteige und versicherte Felssteige wage sich nur heran, wer absolut schwindelfrei und trittsicher und im Umgang mit einem Klettersteigset vertraut ist. Die zwei Bergführervereinigungen des Tales bieten den Sommer über laufend Gemeinschafts-Klettersteigtouren an! Zur Grundausrüstung eines Klettersteigbegehers gehören: Steinschlaghelm, Brust- und Sitzgurt, Klettersteigset inkl. Karabiner. Beratung hinsichtlich Ausrüstung u.a.m. in den Bergführerbüros und in den Sportgeschäften.

> ### Gardena Card
>
> Die Gardena Card, eine Art »Sommer-Skipass« berechtigt den Besitzer zur unbegrenzten Benützung der im Sommer verkehrenden Bergbahnen und Liftanlagen sowie der Linienbusse zu und von den Pässen Grödner Joch und Sellajoch.
> Informationen in den Beherbergungsbetrieben und den Tourismusämtern.

DOLOMITEN – GRÖDEN

1

Vom Grödner Joch, 2121 m, zur Edelweißhütte, 1824 m

Märchenhaft schöne und familienfreundliche Abstiegswanderung

Ausgangspunkt: Grödner Joch, 2137 m, mit öffentlichem Bus oder PKW erreichbar; 10 km von Wolkenstein entfernt (gebührenfreies Parken auf der Passhöhe).
Gehzeit: 2 Std.
Charakter: Leichte Abstiegswanderung mit einem kleinen Gegenanstieg. Prächtige Alpenflora zur Blütezeit (Juni/Juli) und wunderbare Sicht zur Sella.

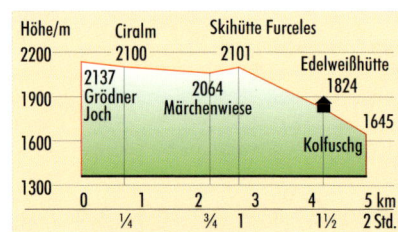

Einkehr: Edelweißhütte.
Markierung: Rot-weiß ohne Nummer.
Karte: Kompass Nr. 59.

Vom **Gasthaus Frara** (Passhöhe) kann man im Osten schon das erste Drittel der Wegstrecke einsehen, das durch die Wiesen am Fuße der Cirgruppe verläuft. Das erste Wegschild, das den Beginn des Steiges angibt, befindet sich am linken Straßenrand, ca. 200 Schritte unterhalb der Passhöhe Richtung Corvara.
Der Steig verläuft kurz zwischen Blockwerk, passiert die Ciralm (Wirtschaftsgebäude) und läuft dann – kaum zu verfehlen – durch

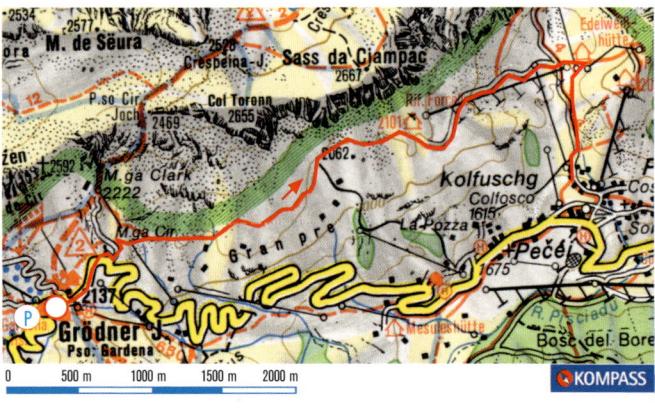

DOLOMITEN – GRÖDEN

Die Nordabstürze der Sellagruppe als prächtiges Gegenüber auf unserem Wanderweg.

freie, leicht geneigte Wiesen. Entlang des Weges gibt es mehrere Rast- und Aussichtspunkte, z.B. die Mulde unterhalb der farbigen Felswände des Sas da Ciampac. Der heimische Landschaftsmaler Peter Demetz taufte diesen von ihm öfters abgebildeten Dolomitenflecken die »**Märchenwiese**«. Nach dem einzigen, kurzen Gegenanstieg vor der im Sommer geschlossenen **Skihütte Furceles** betritt man das Skigebiet Edelweißtal, und das Landschaftsbild verändert sich. Wem der Wirtschaftsweg links der Skipiste nun zu schotterig ist, kann für den Abstieg zum **Berggasthaus Edelweiß** die Piste selbst benützen. **Abstieg nach Kolfuschg:** Der Wirtschaftsweg leitet am Rande flacher Wiesen in 20 Min. hinab in die Ortschaft. Die Bushaltestelle befindet sich an der Hauptstraße, vor dem Verkehrsbüro, etwas unterhalb der gern fotografierten Dorfkirche.

Von dort mit dem öffentlichen Bus Corvara – Gröden zum Ausgangspunkt zurück (10 km).

DOLOMITEN – GRÖDEN

Rundwanderung auf der Cislesalm, 2263 m

Naturparkwandern – wo jeder Felsblock ein natürlicher Steingarten ist

Ausgangspunkt: St. Christina, Bergstation der Col-Raiser-Bahn, 2102 m (gebührenpflichtiges Parken an der Talstation).
Höchster Punkt: Plan Ciautier, 2300 m, unterhalb des Sass Rigais.
Gehzeit: 3¼ Std.
Charakter: Leichte und gefahrlose Almwanderung auf Steigen und Wirtschaftswegen am Fuße der Geislerspitzen und der Seceda; auch für Kinder und Senioren geeignet. Die Blumenpracht dieser Matten ist sprichwörtlich.
Einkehr: Regensburger Hütte, Restauration am Col-Raiser-Lift; Fermedahütte.
Karte: KOMPASS Nr. 59.

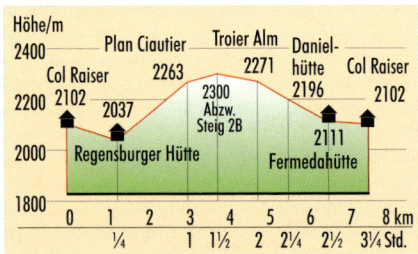

Von der Bergstation führt ein idyllisches Steiglein (Wegweiser, Mark.4) in 20 Min. zu der nordöstlich gelegenen, nach wenigen Minuten sichtbaren **Regensburger Hütte**, 2037 m. Dort geht es, das Nebengebäude mit Sonnenuhr zur Rechten, auf dem Steig mit Mark.13 (Tafel: Sass Rigais/Schlüterhütte) am Brunnen vorbei hoch. Über die prächtige Landschaft am Fuße der Geislerspitzen aufsteigend erreichen wir, direkt am Sockel des Sass Rigais, den Weideabsatz **Plan Ciautier**, 2263 m, ¾ Std. (östlicher Wendepunkt). Dieser teilweise vermurte Weideboden ist eine echte Wan-

derweg-Drehscheibe, davon künden die zahlreichen Wegschilder, die dort aufgestellt sind: Anstiegswege auf den Sass Rigais, die Furchetta, zur Wasserscharte, zur Puezhütte …

Vom unteren Wegweiser nun schräg links aufwärts zum zweiten. Dort der Mark.2B nach (Bergstation der Seceda-Seilbahn) und über das buckelige, von einigen harmlosen Felsvorsprüngen gezeichnete Gelände am Fuße des Sas-da-Mesdi-Turmes westlich weiter bis zur Abzweigung unter dem Großen Fermedaturm (Wegweiser). Dort verlässt man den Steig 2B nach links und nimmt jenen zum Col Raiser auf. Er führt nun weiter in Richtung auf die charakteristischen, frei aufragenden und stark überhängenden Felszacken der Piera Longia zu, der sich am Ende der Eiszeit von den Geislerspitzen gelöst hat und herabgestürzt ist. An seinem Fuße stoßen wir auf einen abfallenden Almweg, der prächtigste Bergblumenhänge quert. Weiter hinab gelangen wir wenig später zu einer wichtigen Steigkreuzung mit Wegweiser.

Hier gibt es zwei Möglichkeiten, die Rundtour vorzeitig zu beenden: a) auf Steig mit Mark.1 über den Almrücken im Südosten zur verdeckten Regensburger Hütte zurück, ½ Std.; b) auf dem Abstiegsweg weiter zur sichtbaren

Ein Blumenfotograf am Fuße der Geislerspitzen.

Col-Raiser-Bahn, 25 Min.

Um die Rundwanderung auszudehnen, gehen wir indes vom Kreuzungspunkt weg in nordwestlicher Richtung auf dem Weg mit Mark.1 bis zur Einkehrstätte **Troier Alm**, 2271 m; ¼ Std. Aufwärts wandernd kommt man an einem lieblichen Almteich vorbei (Lech da Iman), der ein hübsches Fotomotiv abgibt.

Von der Troier Alm weg verfolgen wir einen Wirtschaftsweg, der südwestlich durch eine Wiesenmulde zu der einige Minuten tiefer liegenden **Hütte Daniel** abfällt. Um die **Fermedahütte**, 2111 m, unser nächstes Ziel, zu erreichen, steigen wir auf dem Wirtschaftsweg 10 Min. ab. Wir erblicken sie erst spät, da sie in einer Mulde rechts des Weges liegt. Von dort auf schönem, fast ebenem Weg zum **Col-Raiser-Lift** zurück (¾ St.).

DOLOMITEN – GRÖDEN

3

Von St. Ulrich zur Regensburger Hütte, 2037 m

Zur ältesten Hütte im Grödner Tal

Ausgangspunkt: Pfarrkirche in St. Ulrich, 1236 m; Parkhaus Talstation Seceda-Bahn (200 m entfernt) oder Parkgarage.
Höchster Punkt: Col Raiser, 2102 m.
Gehzeit: 3 Std.
Charakter: Meist breiter und gleichmäßig ansteigender Almweg, der nur zwischen der Gamsbluthütte und dem Col-Raiser-Lift steiler wird.
Einkehr: Regensburger Hütte, Gamsbluthütte, Bergstation Col-Raiser-Bahn.
Markierung: Nr. 4.
Karte: KOMPASS Nr. 59.

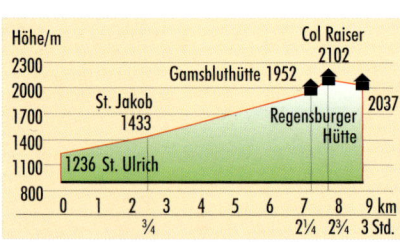

Ausgehend vom Pfarrplatz wandern wir auf der Asphaltstraße nach St. Jakob (30 Min.). Hinter dem **Hotel Jakoberhof** liegt der Weilerkern, zu dem wir aufsteigen. An alten, zum Teil renovierten Bergbauerngehöften vorbei, weiter ansteigend, kommen wir in den lichten Wald. Nach dem zweiarmigen Wetterkreuz kommt ein Flachstück, und bald darauf zieht unser Weg über den von Wiesen umgebenen obersten Höfen von St. Christina weiter. An Höhe gewinnend biegt er schließlich ins Cislestal ein, wo

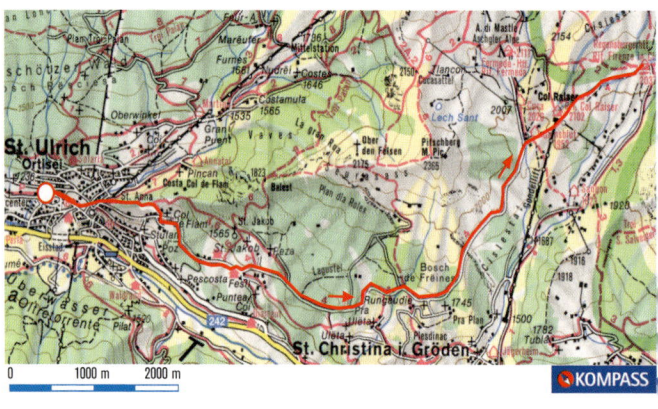

Unterwegs von der Bergstation der Col-Raiser-Umlaufbahn zur Regensburger Hütte.

sich der Blick zur Geislergruppe auftut. Bei einer beschilderten Wegteilung verlassen wir den Almweg und erreichen bald die nahe **Gamsbluthütte** (1952 m). Von dort führt ein etwas steiler Steig in ungefähr 15 Min. über eine Wiesenschulter verlaufend zum 2102 m hoch gelegenen Bergrestaurant der **Col-Raiser-Bergbahn** hinauf, wo uns ein großartiger und überaus weitreichender Rundumblick erwartet! Der Weiterweg (Nr. 4) kann nun kaum noch verfehlt werden, denn man hat die lediglich 20 Min. entfernte **Regensburger Hütte** im Nordosten schon im Blickfeld.

Rückweg: Zu Fuß auf Weg Nr. 1 nach St. Christina oder mit der Col-Raiser-Umlaufbahn dorthin. Rückfahrt zum Ausgangspunkt St. Ulrich mit dem Bus.

Regensburger Hütte

Die 2037 m hoch gelegene Regensburger Hütte ist die älteste Schutzhütte von Gröden. Sie wurde im Jahre 1885 erbaut und zwischenzeitlich mehrmals vergrößert. Sie vermittelt prächtige und sehr lohnende Ausblicke auf die Geisler-, Langkofel-, Sella- und Steviagruppe.

DOLOMITEN – GRÖDEN

Über den Poststeig nach St. Peter (hinter Lajen), 1210 m

Auf den Spuren der frühen Postboten

Ausgangspunkt: St. Ulrich, 1236 m
Höchster Punkt: Pedrutscher Hof, 1262 m.
Gehzeit: 2½–3 Std.
Charakter: Ruhiger, beschaulicher Waldsteig, der aber an manchen Stellen etwas holprig ist (Querung von Steinmuren) und oberhalb der Gewerbezone von Pontives einige abschüssige, eher dürftig gesicherte Stellen aufweist: Kinder sollte man dort im Auge behalten!
Einkehr: Pedrutscher Hof, Gasthof Überbacher in St. Peter.
Markierung: Deutlich mit »P« markiert.
Karte: KOMPASS Nr. 59.

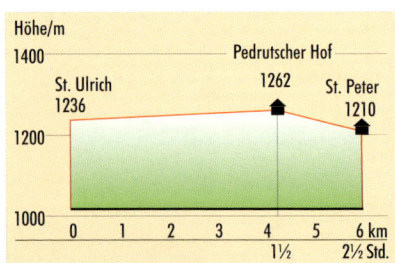

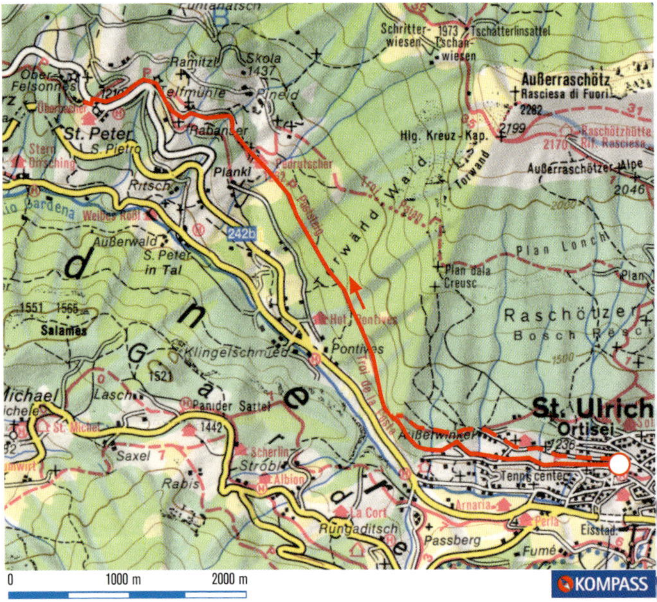

Prozession in St. Peter hinter Lajen. Der »Poststeig« läuft am obersten Hof vorbei (Gasthaus Pedrutscher Hof).

Vom Kirchplatz westlich über die Sneton- und die Muredastraße zum **Hotel Grien** (20 Min.). Kurz bevor wir es erreichen, verlassen wir die Straße und ziehen am alten Pradatschhof (Jahreszahl 1772) und am Dumathof vorbei in den Wald. An der ersten Wegteilung links.

Rund 10 Min. später an einem felsigen Absatz im Wald treffen wir auf den zweiten Anmarschweg, den über die Nevelstraße Auf diesem Absatz überschreiten wir die Gemeindegrenze (St. Ulrich – Lajen) sowie die Sprachgrenze (ladinisch-deutsch). Wenn wir im Verlauf der nun folgenden Wegstrecke (sie quert u.a. einen gewaltigen, vorsintflutlichen Bergsturz) an den Kreuzungen auf Wegschilder und Markierungen gut Acht geben, ist ein Fehlgehen ausgeschlossen. Nach 1½ Std erreichen wir das Gasthaus **Pedrutscher Hof**, 1262 m, und marschieren sodann auf dem asphaltierten, aber verkehrsarmen Anrainerweg nach St. Peter (1 Std.).

Rückkehr: a) Rückweg gleich Hinweg; b) mit dem Linienbus Brixen – Lajen – St. Peter (Gasthof Überbacher) nach St. Ulrich zurück; c) vom Gasthof Überbacher auf der Fahrstraße wenige Minuten abwärts bis zum Brücklein (Wegschild), dann gleich links empor zu einer Tischlerei. Dort an der Gabelung geradeaus zum Rabanser Hof und immer weiter gegen Osten, mehrere Waldgräben ausgehend, am Planklhof vorbei bis zur Bushaltestelle an der Kreuzung vor dem **Hotel Pontives** am Beginn der Talenge (1109 m; 1¼ Std.).

Der Name **»Poststeig«** leitet sich von der Tatsache ab, dass der Postbote ihn vor Erbauung der Talstraße 1856 zweimal in der Woche von Klausen kommend benützte.
Die charakteristischen Bergsturzblöcke sind aus Porphyr, einem Gestein, das sich vor rund 250 Millionen Jahren aus Asche- und Feuerregen gebildet hat.

DOLOMITEN – GRÖDEN

Schlernhaus, 2457 m

Zick-Zack-Steig auf den heiligen Berg der Räter

Ausgangspunkt: Seiser Alm; Bergstation des Spitzbühel-Sessellifts, 1935 m, Talstation an der Fahrstraße Kastelruth – Seiser Alm; Bushaltestelle der Linie von Gröden (gratis Parken am Lift).
Höchster Punkt: Monte Pez, 2563 m.
Gehzeit: 2½–3 Std.
Charakter: Steiler, aber ungefährlicher Zick-Zack-Steig über die mit Legföhren bewachsene Nordostflanke des Berges.

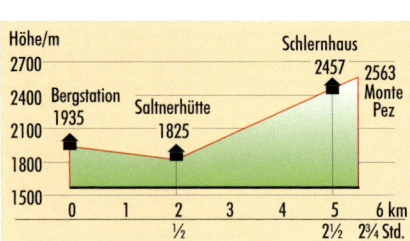

Einkehr: Bergstation Spitzbühellift, Saltner Hütte, Schlernhaus.
Markierung: Nr. 5 und 1.
Karte: KOMPASS Nr. 59.

Von der **Bergstation des Spitzbühellifts** (Restaurant) links, östlich, hinein zum nahen Güterweg, Mark.5, der zu den verschiedenen Tschapiter Sennhütten hinabbringt (Tschapit: große Almmulde am Fuße des Schlern, Nahtstelle zwischen vulkanischen Aschen und Dolomitgestein). Nachdem wir mit dem breiten Weg am Ende des Abstieges einen Bach überschritten haben, kommen wir zur alten

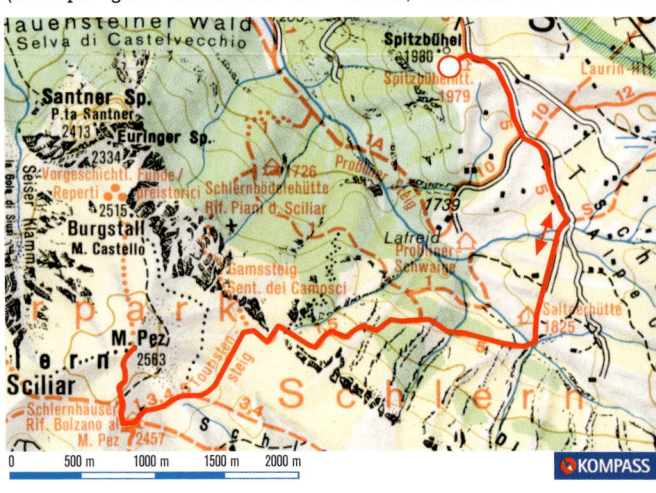

DOLOMITEN – GRÖDEN

Das Schlernhaus gegen Kesselkogel, Grasleitenkopf und Rosengartengruppe.

Gstatscher Sennhütte und nehmen dort, am Hauseck (Schild), einen Steig auf, der südlich zur nahen **Saltner Hütte**, 1825 m, hinüberführt (Ausschank, Imbiss).
Nachdem wir dahinter den Ochsenwaldbach auf einer neuen, eigenwilligen Rundholzbrücke überschritten haben, steigt der Weg an. Er mündet in den von Bad Razzes heraufführenden »Touristensteig« (Mark.1), der nun in zahllosen Serpentinen über die mit Latschengebüsch bedeckte, felsige Bergflanke emporzieht und allmählich an Höhe und Aussicht gewinnt. Nach ca. 1½ Std. ab der Saltner Hütte erreichen wir die freien Weiden der Schlernhochfläche, wo meistens eine kleine Rast eingelegt wird. Der vorgezeichnete Steig wird sanfter und bringt uns in einer weiteren ½ Std. zu dem noch verdeckten, im Südwesten liegenden **Schlernhaus**, 2457 m. Es wurde 1886 erbaut und ist eine der schönsten Hütten der Ostalpen. Auf den **Monte Pez**, 2563 m, höchster Punkt der Schlernhochfläche, schlängelt sich von der Hütte weg ein gefahrloser, nur mäßig steiler Steig durch eine helle Trümmerzone (20 Min.).
Rückweg: Wie Hinweg oder Tour 6.

Der Schlern

– mit den Zacken der Santner- und der Euringerspitze eines der Wahrzeichen Südtirols –, diente schon in der Bronzezeit, vor fast 4000 Jahren, als Kult- und Opferstätte, wie Asche- und Keramikfunde beweisen. Der Berg verdankt seine Entstehung der Bautätigkeit mariner Lebensgemeinschaften wie Korallen, Algen, Foraminiferen, Kalkschwämmen, die vor etwa 250–210 Millionen Jahren das Triasmeer bevölkerten – und er stand einer Gesteinsformation Pate: dem Schlerndolomit.

DOLOMITEN – GRÖDEN

Schlernhaus (2457 m) – Tierser-Alpl-Hütte (2441 m) – Seiser Alm (Kompatsch, 1844 m)

Höhenweg für Konditionsstarke und Trittsichere

Ausgangspunkt: Schlernhaus, 2457 m.
Höchster Punkt: Schlernrücken, 2563 m.
Gehzeit: Bis zum Tierser Alpl 2 Std., weitere 2 Std. nach Kompatsch.
Charakter: Für konditionsstarke Geher problemlos.
Einkehr: Schlernhaus, Tierser-Alpl-Hütte, Bergstation Panorama.
Markierung: Nr. 3, 4, 2.
Karte: KOMPASS Nr. 59.
Hinweis: Als Rückweg für Tour 5 gedacht.

Vom **Schlernhaus** auf dem von der Seiser Alm heraufführenden Hüttensteig bis zum ersten Wegweiser (etwa 5 Min.). Dort beginnt rechts, östlich, der Steig zum Tierser Alpl (Mark. 3 und 4) und fällt sanft zu den Weiden des Schlern-Hochplateaus ab.

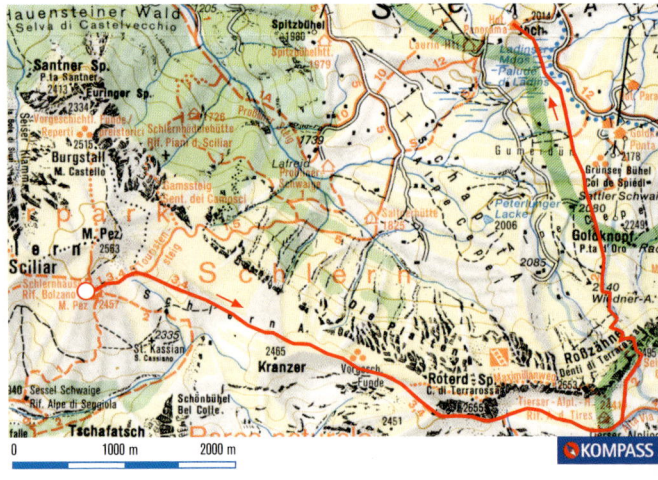

Der Steig durchquert die hügelige Hochfläche in voller Länge, und wir erreichen nach 3 km die nächste wichtige Wegteilung, P.2563 (links Abzweigung des versicherten Maximiliansteiges). Dort überschreitet unser Steig in südöstlicher Richtung den Rücken (Wegschild am Übergang; weiter Mark. 3, 4) und fällt in engen Kehren über die Steilwiesen auf der Südseite der Roßzähnegruppe ab.

Uns gegenüber erwächst die zerklüftete, vielgipfelige Rosengartengruppe aus Schluchten und Karen. Das abgrundtiefe Tschamintal liegt direkt unter uns. Das rotleuchtende Dach der Tierser-Alpl-Hütte im Osten bietet uns eine gute Orientierungshilfe. Am tiefsten Punkt des Weges, 2320 m, windet sich Steig 3 durch das berühmte **Bärenloch** ins Tschamintal hinab. Er bleibt unberücksichtigt.

In flachem Anstieg erreichen wir schlussendlich die **Tierser-Alpl-Hütte**, 2441 m. Am hüttennahen, mit einem mächtigen Windrad versehenen Tierser-Alpl-Joch beginnt der Steig (Mark.2), der schräg links mit geringem Höhenunterschied in 10 Min. zur 2495 m hohen Roßzähnescharte hinüber leitet. Hier bietet sich ein Prachtblick auf den Westteil der Seiser Alm und die Schlernabhänge. Am Horizont schimmern die Ötztaler und Stubaier Gletscher.

Über den Schutt des steilen Kares geht es in vielen Kehren hinab zu dessen Ausgang (an der felsigen Stelle ist bei Nässe etwas Vorsicht geboten). Der Steig quert dann die Westabhänge des Goldknopfbühels und zielt auf die Bergstation des Sessellifts Gasthof Panorama – Kompatsch. Der Gasthof ist in der Ferne, am Rande der Wiesenkuppe, an seiner ver-

Tierser-Alpl-Hütte.

schachtelten Konstruktion mit rötlichem Dach gut auszumachen. Dort endet die Mark.2. (ab Tierser Alpl gute 1¾ Std.). Mit dem Lift oder zu Fuß – wir wechseln schon vor Erreichen der Bergstation auf die nahe Asphaltstraße über – nach **Kompatsch** hinab (Bus nach Gröden; 2–2¼ Std. ab Hütte).

Wer seinen Wagen an der Talstation des Spitzbühellifts hat, nimmt den Abkürzungssteig dort hin. Er beginnt an der Pension Zorzi links, gleich unterhalb des großen Parkplatzes.

DOLOMITEN – GRÖDEN

7

Brogleshütte, 2045 m

Ein familienfreundlicher Hüttenzustieg

Ausgangspunkt: St. Ulrich, Bergstation Raschötzer Lift, 2103 m; Parken an der Talstation (oder bei der Seceda-Bahn, gebührenpflichtig).
Höchster Punkt: Broglessattel, 2119 m.
Gehzeiten: 1½ Std.
Charakter: Meist Flachstücke, nur leichte Auf- und Abstiege.
Einkehr: Bergstation, Brogleshütte. 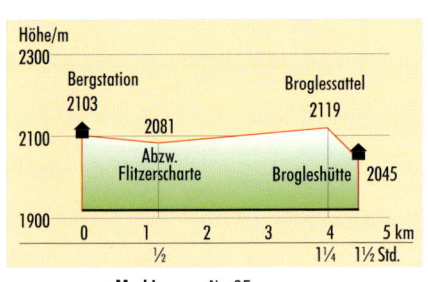
Markierung: Nr. 35.
Karte: KOMPASS Nr. 59.

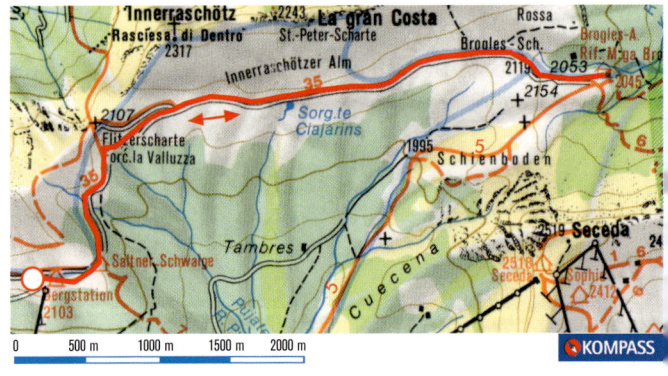

Von der **Bergstation** (2103 m), die an der oberen Waldgrenze liegt, geht es auf gutem Weg (Mark.35) östlich zum nahen **Almhalterhäuschen Cason** (Ausschank). Dort überschreitet der Weg in nördlicher Richtung die zirbenbestandene Geländeschulter und fällt darauf zur Innerraschötzeralm ab. Ohne die Flitzerscharte, die ins Villnößtal bringt, zu berühren und ständig das filigrane Nadelwerk der Geislerspitzen im Blickpunkt, wandern wir leicht ansteigend über die mageren, oberhalb der Waldgrenze liegenden Rossweiden gegen Osten. Der sanfte Wiesensattel von Brogles, 2119 m, der die Gemeindegrenze zwischen St. Ulrich und St. Peter/Villnöß bildet, wird überschritten und man steigt zur weiter unten, in einer traumhaft schönen Dolomitenlandschaft liegenden **Brogleshütte** ab.

Warnung: Das längs des Weges weidende Vieh (Pferde) sollte man wegen seiner Unberechenbarkeit weder streicheln noch füttern!

Die Hütte liegt am Nordfuß der Geislerspitzen in prachtvoller landschaftlicher Lage am Rande des Naturparks Puez-Geisler.

Die Inner- (rechts) und die Außerraschötzalpe (links) mit Weg Nr. 35, der oberhalb der Waldgrenze zur Broglesalm führt.

Außer dem beschriebenen Anmarschweg, der der bequemste ist, kommt noch der sehr gut beschilderte und mit Nr.5 markierte Weg von der Mittelstation der Umlaufbahn St. Ulrich – Seceda, 1689 m, in Frage (1¼ Std.).
Hier werden höchst eindrucksvolle Bergbilder mit wechselnden Landschaftseindrücken geboten. Im Gebiet des roterdigen Broglessattels, knapp vor Erreichen der Hütte, kann der Wanderer den mustergültigen, landschafts- und umweltgerechten Wegebau des Amtes für Naturschutz der Südtiroler Landesregierung begutachten.

Rückwege/Weiterwege:
a) auf dem Hinweg zurück zum Raschötzerlift; b) zur Mittelstation der Seceda-Umlaufbahn bzw. nach St. Ulrich. Der Steig dorthin, Mark.5, trennt sich 10 Min. oberhalb der Hütte am Broglessattel vom Anmarschweg. Dort links abwärts, südwestlich, bis zum deutlichen Wegweiser am Ende des langen Wiesenbodens. Die Bergbahnstation liegt verdeckt schräg links, wenige Minuten entfernt; c) nach St. Ulrich die Abzweigung zur Umlaufbahn ignorieren und weiter der Mark.5 folgen in den Ortsteil Oberwinkel und auf Teerstraße in den Ort hinein (1¼ Std. ab letzter Teilung); d) über die Panascharte zur Bergstation der Seceda-Seilbahn (siehe Tour 22).

DOLOMITEN – GRÖDEN

8

Regensburger Hütte, 2037 m

Abwechslungsreicher Umweg am Fuß der Geislerspitzen zur ältesten Grödner Schutzhütte

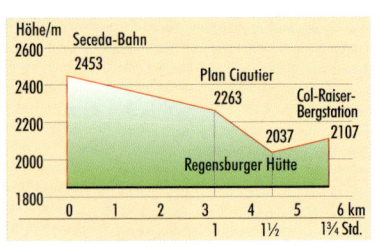

Ausgangspunkt: St. Ulrich, Bergstation Seceda-Bahn, 2453 m; gebührenpflichtige Tiefgarage an der Talstation (Fußgängerzugang zur Bahn vom Antoniusplatz mittels Rolltreppe).
Gehzeit: 3½ Std.
Charakter: Leichte Almwege, ein kurzer Steilabstieg ist durch Betonziegel entschärft und rutschsicher gemacht worden.
Einkehr: Bergstation, Regensburger Hütte.
Markierung: Bis zum Almboden Plan Ciautier 2B, dann 13.
Karte: KOMPASS Nr. 59.

Von der **Bergstation** (Wegweiser) den Steig 2B zur Puezhütte aufnehmend in östlicher Richtung, die Geislerspitzen vor Augen. Nachdem man zwei Sessellifte unterquert hat, kommt man an eine Gabelung: der untere Steigast, der an den obersten Heuhütten der Aschgler Alm vorbeizieht, wird beschritten. Wenig später wird die Abzweigung zur Troier Alm bzw. Regensburger Hütte außer Acht gelassen. Nach kurzem Gegenanstieg erreicht man die **Runcaudie-Schwaige** und gleich darauf den frei aufragenden, weit überhängenden Felskeil der **Piera Longia**, der sich wahrscheinlich nach dem Rückzug der letzten Eiszeit vom darüberliegenden Felsturm der Kleinen Fermeda gelöst hat und dann herabgestürzt ist.

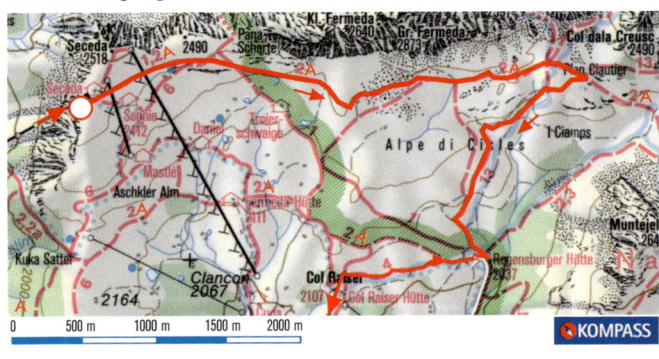

DOLOMITEN – GRÖDEN

Nach 1 Std. ist der schräge Wiesenboden **Plan Ciautier**, 2263 m, erreicht – eine wichtige Drehscheibe im Wegenetz auf der Cislesalm.
Wege ab Plan-Ciautier-Boden: Zahlreiche Wegtafeln bieten folgende Möglichkeiten: 1) Mittagsscharte (Nordwesten); 2) Klettersteig Sass-Rigais-Südroute (Nordwesten); 3) Val da la Saliëries (Wasserrinnental) mit Zugang zu Klettersteig Sass-Rigais-Ostroute (Norden); 4) Val Mont dal Ega (Wassertal): mit Mark.13 zur Furc. Mont dal Ega (Wasserscharte) und weiter auf Steig 3 zur Schlüterhütte (Norden); 5) Puezhütte mit Mark. 2B, später 2 (Osten). Wir wählen für den Rückweg den Abstieg zur südlich liegenden Regensburger Hütte, 2037 m, Steig mit Mark.13 (½ Std.).

Der gesamte Weg von der Seceda (links hinten) zum Plan-Ciautier-Boden (rechts unterhalb der Val-Mesdi-Rinne), der unterhalb der Zackenreihe der Geislerspitzen dahinzieht, ist einsehbar.

Rückwege von der Regensburger Hütte:
a) auf dem Hüttenweg Nr. 1, nach St. Christina (1 Std.) bzw. von diesem Weg nach 20 Min., beim Teich links abzweigend und Steig 3 aufnehmend über Juac nach Wolkenstein (1½ Std.);

b) Regensburger Hütte – Col-Raiser-Umlaufbahn und nach St. Christina (20 Min.).

Rückweg nach St. Ulrich:
Von der Hütte in rund 20 Min. auf Steig 4 zum Col-Raiser-Lift. Ausgehend von der Ostseite der Bergstation beginnt ein Steiglein, das die Liftanlage unterquert und über eine Wiesenrippe zur Gamsbluthütte hinabführt. Von dort benützt man den in der Nähe vorbeiziehenden, landschaftlich sehr schönen Güterweg, der hoch über St. Christina nach St. Jakob bzw. nach St. Ulrich leitet; Mark. Nr. 4; 1½–2 Std. (siehe auch Tour 3).

DOLOMITEN – GRÖDEN

9

Von der Raschötz, 2140 m, zum Pedrutscher Hof, 1262 m

Abstiegswanderung mit den Dolomiten im Rücken

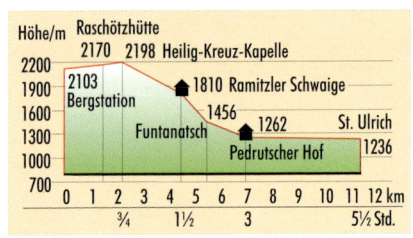

Ausgangspunkt: St. Ulrich, Bergstation Raschötzer Lift, 2103 m; Parkplatz an der Talstation (bzw. gebührenpflichtige Tiefgarage bei der Seceda-Bahn).
Höchster Punkt: Heilig-Kreuz-Kapelle, 2198 m.
Gehzeiten: Bis Pedrutscher Hof 3 Std., weiter über Poststeig nach St. Ulrich 2½ Std.
Charakter: Bei Nässe Rutschgefahr auf abschüssigem, gepflastertem Wegstück.
Einkehr: Ramitzler Schwaige, Pedrutscher Hof.
Markierung: 35 (Lajen) und Hinweisschilder St. Peter bzw. Poststeig (die Beschilderung ist vorzüglich).
Karte: KOMPASS Nr. 59, 56, 54..

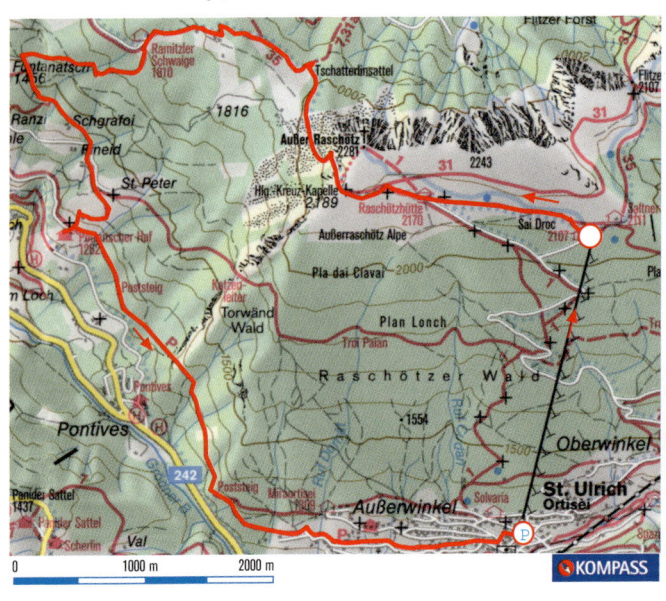

DOLOMITEN – GRÖDEN

Das Bergsturzgelände der Raschötz. Der bewaldete Bergrücken des Puflatsch verdeckt den Schlern.

Von der **Bergstation** des Raschötzer Sesselliftes auf einem breiten Weg Richtung Westen zur **Raschötzhütte**, 2170 m (zur Zeit geschlossen; Umbau) und weiter zur Heilig-Kreuz-Kapelle, 2198 m; 40 min.
Daraufhin fällt der Weg, Mark.35, über den Westabbruch des Raschötzer Berges (vorsintflutlicher Bergsturz; rotfarbenes Gestein, aus glühendem Ascheregen vor rund 260 Millionen Jahren) auf die Wiesen rund um den waldumgebenen Tschatterlinsattel ab (Wegweiser), wo man, westwärts ausschreitend, bald auf einen schönen Almweg stößt, der den Tschanberg durchmisst und die (bewirtschaftete) **Ramitzler Schwaige**, 1810 m, erreicht. Wir verfolgen von dort weiterhin den Weg nach Lajen (Mark.35), bis nach ca. 25 Min. an gut bezeichneter Stelle, 1611 m, der Weg nach St. Peter links im spitzen Winkel abzweigt und die südöstliche Richtung einschlägt (Blick auf die Langkofelgruppe). Wir verfolgen ihn ca. 20 Min. (2 km). In einer deutlichen Kehre im Wald verzweigt sich der Weg: Vom Hauptweg nach St. Peter links ab (südöstlich, Hinweisschild Pedrutscher Hof/Poststeig.
Bald darauf Einmündung in eine geteerte Höfestraße, die wir im Aufstieg kurz verfolgen bis knapp vor einem neu erbauten, großen Wirtschaftsgebäude rechts ein steiler Traktorweg durch Wiesen und an hoch gelegenen Höfen vorbei zum darunterliegenden **Pedrutscher Hof** abfällt.

Rückkehr: a) Über den Poststeig, Mark. »P«, nach St. Ulrich, 2 Std; b) an der oben angeführten Abzweigung den Weg nach St. Peter weiterverfolgend zum Gasthaus Überbacher im Dorfzentrum (ab Abzweigung ¼ Std.) und mit dem Linienbus Brixen – Lajen – St. Peter – St. Ulrich zurück.

DOLOMITEN – GRÖDEN

▼ 10

Von der Regensburger Hütte, 2037 m, zur Steviahütte, 2312 m

Aussichtsreicher Steig zu versteckter Hochalm

Ausgangspunkt: Regensburger Hütte, 2037 m.
Höchster Punkt: La-Piza-Scharte, 2491 m.
Gehzeit: 2 Std. bis zur Steviahütte.
Charakter: Gebirgssteige und mit Holztreppen und Seil versicherter Steig, Trittsicherheit erforderlich.
Einkehr: Regensburger Hütte, Steviahütte.
Markierung: Nr. 17B.
Karte: KOMPASS Nr. 59.

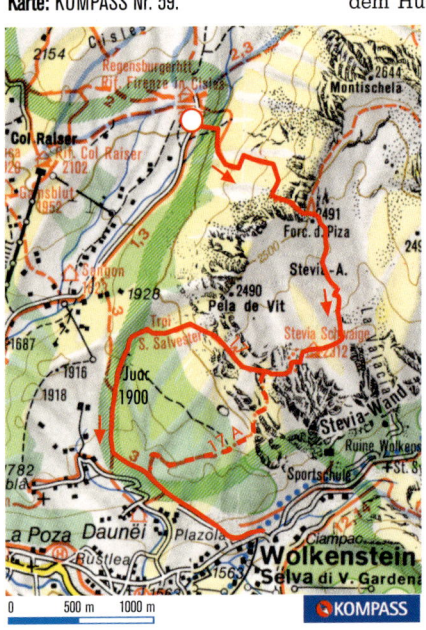

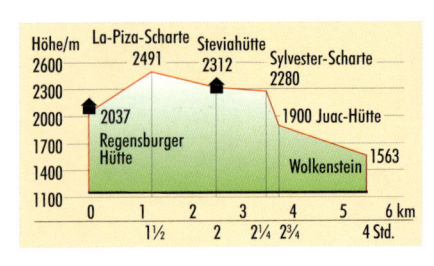

Die **Regensburger Hütte** erreichen wir a) von St. Christina auf dem Hüttenzufahrtsweg, Beginn an der Talstation der Col-Raiser-Bahn; oder von der Bergstation in 20 Min. den Steig mit Mark.4 nordöstlich beschreitend, b) von Wolkenstein, wie bei Tour 13 beschrieben über den Geländeabsatz von Juac.

Ein paar Minuten unterhalb der Regensburger Hütte zweigt von ihrem Zufahrtsweg an deutlich bezeichneter Stelle der Steig zur Steviaalm ab (Mark.17B). In Windungen durch den aufgelockerten Zirbenwald führend, gewinnt er den Eingang ins steile Schutt- und Trümmerkar La Piza, wo künstliche Steighilfen auch dem weniger geübten Wanderer weiterhelfen. Nach etwa 1–1½ Std. ist der Scheitelpunkt der Wanderung, die **La-Piza-Scharte** (2491 m; Felssäule), erreicht. Nun rechts, südlich, über die freien, sanft abböschenden Weideflächen in 20 Min. hinab zur von hier nicht sichtbaren **Steviahütte**, 2312 m. **Rückwege:** Auf dem manchen Tiefblick bescherenden Steig (Mark.17), südwestlich rund 10 Min. abwärts. Kurz unterhalb der St.-Sylvester-Scharte, 2280 m, kommen wir zu einer Wegteilung (Tafeln): Schwindelfreie, trittsichere Wanderer nehmen dort den luftigen »Expressteig« nach Wolkenstein (links, südlich, Mark.17A, 1¼ Std.), genügsamere bleiben auf Steig 17, überschreiten die Scharte und steigen zur Juac-Hütte (sprich Schuatsch; 1900 m) hinab, wo sich die Wege nach Wolkenstein bzw. nach St. Christina teilen (ab Steviahütte 1 Std.). Folgt man der Mark.3 nach Süden erreicht man in 1 Std. **Wolkenstein**; nach St. Christina gelangt man nordwestlich hinab (Fahrweg St. Christina – Regensburger Hütte, Mark.1).

Der Stevia-Tafelberg bricht senkrecht zum Langental ab. Der stumpfe Mont de Sëura und die Zacken der Cirspitzen begleiten das Chedital.

> Wenn man von der Bergstation des Col-Raiser-Lifts die schroffen und senkrechten Wände des Steviazuges im Osten betrachtet, kann man kaum glauben, dass sich dort oben eine freundliche Schafalm mit einer Schutzhütte ausbreitet.
> Der vom Amt für Naturparks mustergültig in Stand gesetzte und an felsigen Stellen mit Holztreppen und Handseil versehene Steig windet sich durch die scheinbar ungangbare Felsschlucht, die vom kecken Felszahn der La-Piza-Scharte beherrscht wird, aufwärts.
> Weil die Alm an drei Seiten senkrecht abbricht, ist der Blick von oben auf das innere Grödner Tal und die monolithisch wirkenden Felskulissen in der Runde unübertreffbar.

DOLOMITEN – GRÖDEN

11

Trostburg, 627 m

Abstiegswanderung zur Wolkensteiner Burg

Ausgangspunkt: Panider Sattel, 1442 m, 5 km westlich von St. Ulrich, an der Fahrstraße nach Kastelruth; Linienbus; Parknischen am Straßenrand.
Gehzeiten: Panider Sattel – Tagusens 2–2¼ Std., Tagusens – Waidbruck 1¼ Std. (ca. 10,5 km).
Charakter: Auch für den Durchschnittswanderer problemlos. Von Tagusens zur Burg und weiter nach Waidbruck ist die Strecke mitunter etwas steil und grob gepflastert; vorzüglich markiert.
Einkehr: Gasthaus Messnerhof, Tagusens; Besitzer Oswald Sattler (volkstümlicher Sänger/vormals Kastelruther Spatzen); Öffnungszeiten erfragen! Tel. 0471/70 65 15.
Karte: KOMPASS Nr. 59.

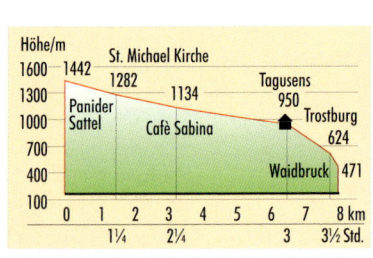

Mit dem Linienbus von St. Ulrich zum **Panider Sattel**. Von der Haltestelle noch ca. 150 Schritte westlich abwärts zum Wegschild (St. Michael – Kastelruth »0«). Am **Hof Panid** vorbei und an der Weggabelung dahinter rechts durch Wiesen und Wald zunächst zu einem Weiher und weiter abwärts zur Kirche von St. Michael, wobei die Fahrstraße überquert wird. Gegenüber dem Kirchlein hinab zur kleinen Feuerwehrhalle (Volksschulgebäude) und weiter ins Waldtälchen (Wegschilder beachten). Tiefer unten, im Waldgraben, stoßen wir auf einen Teerweg, den wir in der ansteigenden Richtung begehen. An der Teilung westlich, am Haus Gabriela vorbei und weiter in gleicher Richtung gelangen wir bald darauf zum **Mutzmüllerhof**. Von dort führt ein breiter, ungeteerter

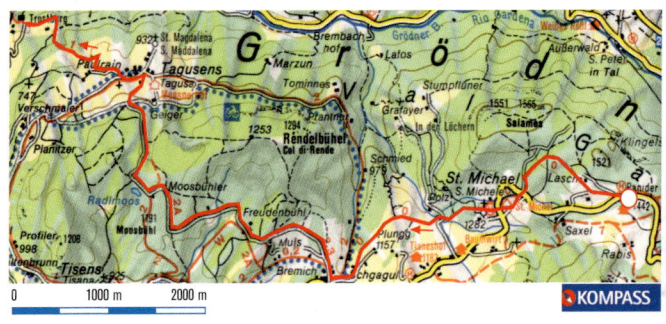

Die Trostburg oberhalb von Waidbruck.

Waldweg zum **Café Sabina** an der Fahrstraße nach Kastelruth (Bushaltestelle, alternativer Startpunkt), ab Panider Sattel 4 km; 1¼ Std. Von der Verzweigung am Bildstöcklein unterhalb des Cafés aufwärts (die erste Abzweigung nach Tagusens ignorieren wir), am nahen Lavogler Hof vorbei und bei der Wegteilung (Schild »Tagusens«) geradeaus und eben durch idyllische Wiesen- und Waldlandschaft weiter.

Die breite Anrainerstraße führt einsam an den Höfen Muls, Einsiedel und Lutz sowie einer neu erbauten Villa vorbei und gelangt schließlich zum winzigen Höflein Moosbühler. Nun links, in einem Bogen um den Waldhügel herum, am Fischweiher vorbei (Mark.2A wird von 2 aufgenommen) und zum nächsten Wegweiser im Wald. Hier rechts, nach Norden, stößt man auf den Waldweg zum tieferliegenden Dorf **Tagusens**, das sich auf einer idyllischen Geländeverebnung ausbreitet. (Café Sabina – Tagusens 1 Std.).

Abstieg zur Trostburg: Vom Gasthof Messnerhof in Tagusens wenige Minuten auf der Fahrstraße nach Kastelruth und bei einem Wegkreuz rechts (Schild) der Mark.1 folgend durch Wiesen weiter. Dem Wegschild nach durch Mischwald in steilen Serpentinen hinab zur efeuumrankten, märchenhaften Burg (¾ Std.). Von dort entweder auf dem steilen, grobgepflasterten Burgweg oder auf der sanfteren, aber längeren Fahrstraße in ½ Std. hinab zur Bushaltestelle in **Waidbruck** und mit dem SAD-Linienbus zurück nach St. Ulrich (12 km).

Trostburg

Bis ins 12. Jahrhundert reichen einzelne Bauelemente der Trostburg zurück (Palas und Bergfried). Die Burg wurde in der spätgotischen Zeit, 1595–1625, vom kunstsinnigen Schlossherren Graf Engelhard Dietrich von Wolkenstein, einem Nachfahren des Minnesängers Oswald von Wolkenstein (1377–1445) umgebaut. Aus dieser Zeit stammt auch der großartige Saal mit der reich verzierten Balkendecke.

▶▶ Führungen: 10, 11, 14, 15 und 16 Uhr. Montag Ruhetag, Tel. 0471/65 44 01.

DOLOMITEN – GRÖDEN

12

Gröden 2000

Umrundung Grödens oberhalb der 2000-Meter-Grenze

Ausgangsort, Richtung, Etappengliederung: Können individuell gewählt und je nach Wunsch, Kondition und Können geändert werden.
Charakter: Gute Kondition, Trittsicherheit und Schwindelfreiheit, vor allem bei der Selladurchquerung, sind Voraussetzung!
Wegverlauf: Siehe Hinweise auf Routenbeschreibungen im Buch.
Einkehr: Hüttenübernachtungen unbedingt vorbestellen (siehe Telefonverzeichnis S. 21)
Karten: Die Rundtour »Gröden 2000« ist in der Tabacco-Karte, Blatt: Gröden – Seiser-Alm, 1:25.000, mit einem großen »G« gekennzeichnet.
Kompass-Karte: Nr. 616

Die formschöne Fünffingerspitze in der Langkofelgruppe – nur eines der beeindruckenden Etappenziele während der aussichtsreichen Gröden-Umrundung

DOLOMITEN – GRÖDEN

1. Tag
St. Ulrich, 1236 m – (Sessellift) Raschötz, 2103 m – **Brogleshütte** (Mark.35), 1½ Std. (Tour 7) – Panascharte (Mark.6), 1½ Std. (Tour 22) – Troier Alm (Einkehrstätte) – **Regensburger Hütte**, 2037 m (Mark.1), 1 Std.

2. Tag
Regensburger Hütte, 2037 m, – **Puezhütte**, 2475 m (Normalroute: Mark.2), 3½ Std. (Tour 48) – Gherdenacia/Puezhochfläche – Crespeinajoch, 2528 m, und Cirjoch, 2469 m, – **Grödner Joch**, 2137 m, (Mark.2 und 2 im roten Dreieck), 2½–3 Std. Übernachtung: Gasthof Frara, Hotel Cir.

3. Tag
Grödner Joch – Val Settus – **Pisciadùseehütte**, 2587 m, (Mark.666), 1½ Std. (Tour 17) – **Boèhütte** (Mark.666 bzw. 2 im roten Dreieck, Dolomiten-Höhenweg), 2–2½ Std. (Tour 17)

4. Tag
Boèhütte – auf dem Anmarschweg vom Vortag zurück und über den verwitterten Antersassrücken zum frei stehenden Wegweiser, wo Steig 647 südwestlich abzweigt. Abstieg durch das Lastiéstal und am Ausgang desselben rechts, nun mit Mark.656 westlich ansteigend zu einer Kehre der Sellajoch-Passstraße. Zu Fuß (2,8 km) auf die Passhöhe und diese überschreitend, jenseits hinab zum **Sellajochhaus**, 2180 m, 3 Std. ab Boèhütte. Von dort zu Fuß in 1½ Std. (Mark.525) oder mit der Gondelbahn zur **Toni-Demetz-Hütte**, 2681 m (Übernachtungsmöglichkeit) und in einer weiteren Stunde zur **Langkofelhütte**, 2253 m.
Variante ab Sellajoch: Übernachtung im **Rif. Valentini** (Fahrweg dorthin, 15 Min.).

5. Tag
a) **Langkofelhütte** – **Plattkofelhütte**, 2297 m (Mark.525, dann 572), 2 Std. – weiter siehe unter b).
b) **Rif. Valentini** – Gasthof Salei – Rodeljoch, 2308 m, – Friedrich-August-Weg (Mark.594/4) – **Plattkofelhütte**, 1½–2 Std. (siehe Tour 20) – **Tierser-Alpl-Hütte**, 2441 m (Mark.4), 2–2½ Std. – **Schlernhaus**, 2457 m (Mark.4), 2 Std. (siehe Tour 6 in umgekehrter Richtung).

6. Tag
Schlernhaus – Touristensteig (Mark.1) – Saltner Hütte – **Seiser Alm**, 1 Std. Überquerung der Alm Richtung Nordosten (an der Brücke über den Tschapitbach, kurz nach der Saltner Hütte verlassen wir Mark.5 nach rechts mit Mark. »S« zum Almrestaurant Laurin. Weiter über die Gasthöfe Panorama, Ritsch, Icaro und Hotel Sonne zur Bahn nach **St. Ulrich**), ca. 2–2½ Std.
Zu Fuß ins Tal: 200 Schritte westlich des Gasthofes Ritsch zweigt nördlich die Fahrstraße zum Hotel Sonne ab und von dieser gleich darauf links der Puflerweg, der am Gasthaus Monte Piz vorbei zum Dorf Pufels abfällt. Am Ortseingang, am Gasthof Mesavia, nimmt man den Weg nach Rungaditsch (Vorort von St. Ulrich) auf. Ab Gasthof Ritsch ca. 1½ Std.

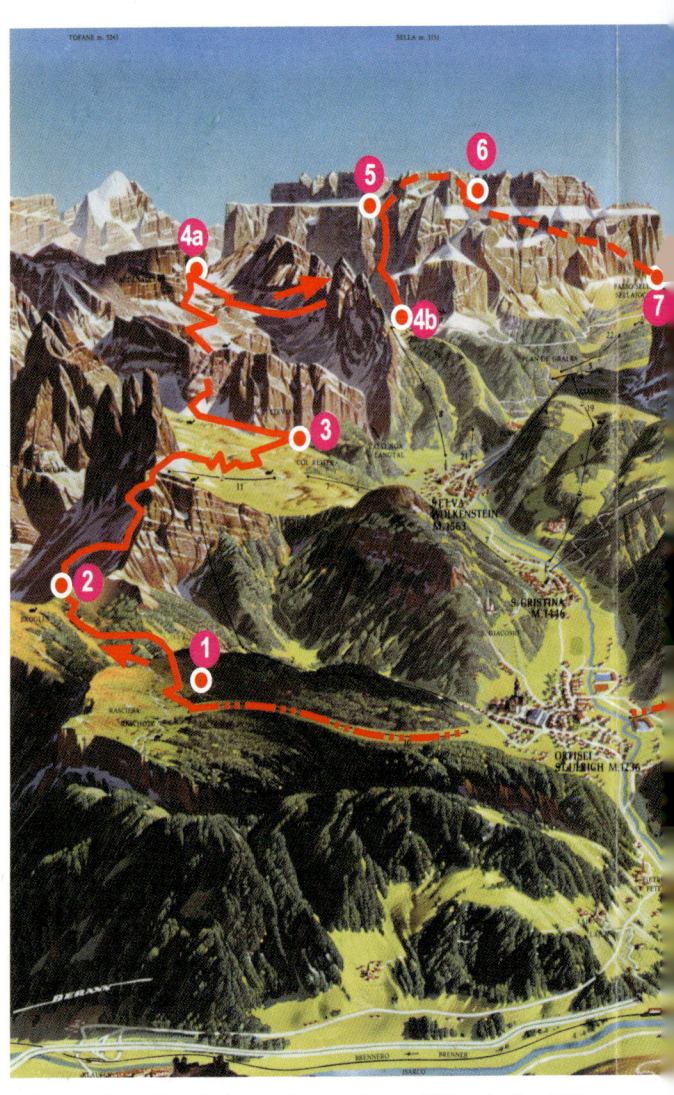

*1 Raschötzlift, 2 Brogleshütte, 3 Regensburger Hütte, 4a Puezhütte,
4b Grödner Joch, 5 Pisciadùseehütte, 6 Boëhütte,*

7 Sellajochhaus, 8 Langkofelhütte, 9 Plattkofelhütte,
10 Schlernhaus, 11 Bergstation Seiser Alm

DOLOMITEN – GRÖDEN

▼ 13

Von Wolkenstein zur Regensburger Hütte, 2037 m

Hüttenwanderung in einer herrlicher Landschaft

Ausgangspunkt: Wolkenstein, 1563 m; Pension Daniel (Ortsteil Daunëi, 1700 m).
Gehzeit: 2 Std.
Charakter: Problemlose Wanderung auf Almwegen.
Einkehr: Regensburger Hütte, Juac-Hütte.
Markierung: Nr. 3.
Karte: KOMPASS Nr. 59.

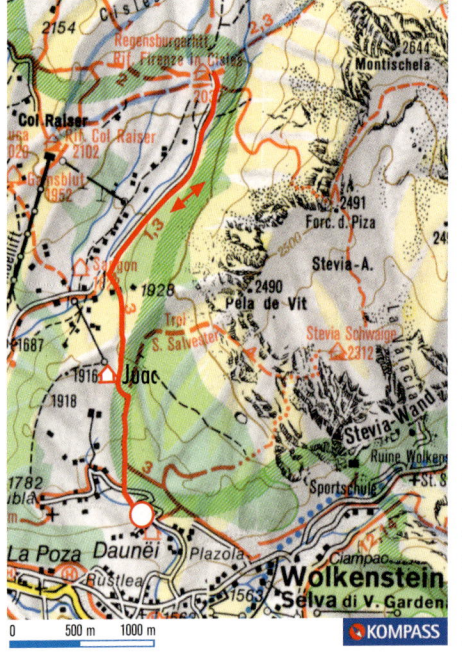

Diese Tour ist ein landschaftlich einmalig schöner Hüttenanstieg, der uns allen Zauber der Grödner Bergwelt offenbart, besonders dann, wenn wir ihn mit der Cisles-Rundwanderung verbinden (siehe Tour 2). Auf einer der zahlreichen Zugangsmöglichkeiten wandern wir vom Ortszentrum ausgehend in den im Nordwesten liegenden, erhöhten Ortsteil Daunëi. Am Ende der Daunëistraße liegt der eigentliche Ausgangspunkt dieser Wanderung, die ca. 1700 m hoch gelegene **Pen-**

sion Daniel (½ Std.).
Den darüberliegenden Geländeabsatz erreichen wir von dort entweder die Asphaltstraße weiter verfolgend oder aber auf der gleich hinter dem Brunnen, gegenüber der Pension, links, nordwestlich ausgehenden Abkürzung (Mark.3; 10 Min.). Kurz bevor der Fahrweg auf dem Absatz in die Mähwiesen eintritt (Zaungatter; parkende Autos von Ausflüglern), verlässt ihn der Hüttensteig am frei stehenden Wegweiser und zieht nördlich durch lichten, aufgelockerten Wald aufwärts. Den herrlich gelegenen Wiesenabsatz von Juac (1900 m; Erfrischungsstätte), bekannt wegen seiner umfassenden Rundsicht zu den Grödner Hausbergen, erreichen wir nach 1¼ Std. ab Ortszentrum.
Dahinter quert unser Steig ein hübsches Moos (Feuchtbiotop), fällt ab und verbindet sich wenig später mit dem Weg zur
Regensburger Hütte (Mark.1). An dieser Einmündung liegt der viel fotografierte Teich mit den Geislerspitzen im Hintergrund. Rechts ansteigend erreichen wir die Hütte in einer ¾ Std. ab Juac.

Rückweg bzw. Verlängerung: a) Rückkehr auf

Der Ortsteil Daunëi (Wolkenstein).

dem Hinweg, 1½ Std.; b) auf Steig Nr. 4 in etwa 20 Min. zur Bergstation der Col-Raiser-Umlaufbahn nach St. Christina; c) zu Fuß auf dem Hüttenweg, Mark.1, nach St. Christina.

Die Juac-Hütte.

DOLOMITEN – GRÖDEN

14

St. Jakobskirche, 1565 m

Von St. Christina zum ältesten Gotteshaus im Tal

Ausgangspunkt: St. Christina, 1428 m (Ortsteil Plesdinaz, 1600 m).
Höchster Punkt: Praulëtahöfe, 1640 m.
Gehzeit: 2–2½ Std.
Charakter: Anfangs ein steiler Asphaltabschnitt (etwa 1 km), dann flach bzw. abwärts.
Einkehr: Gasthöfe im Weiler St. Jakob.
Markierung: Rot-weiß, später Nr. 4.

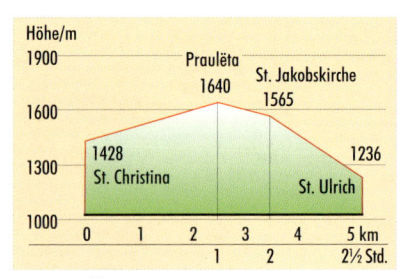

Karte: KOMPASS Nr. 59.

Wir starten am Hotel **Dosses** an der Talstraße, steigen erst die parallel zum Cislesbach verlaufende gleichnamige Ortsstraße und anschließend weiter oben die von ihr links, nordwestlich, ausgehende Plesdinazstraße hinauf.

Gleich hinter ihrem Scheitelpunkt (Haus l'Ciabót, 30 Min.), finden wir eine sehr gut beschilderte Wegteilung. Rechts haltend, weiter auf Asphalt, erreichen wir nach wenigen Minuten auf einem schön gelegenen Wiesenabsatz die

Die legendenumwobene St. Jakobskirche.

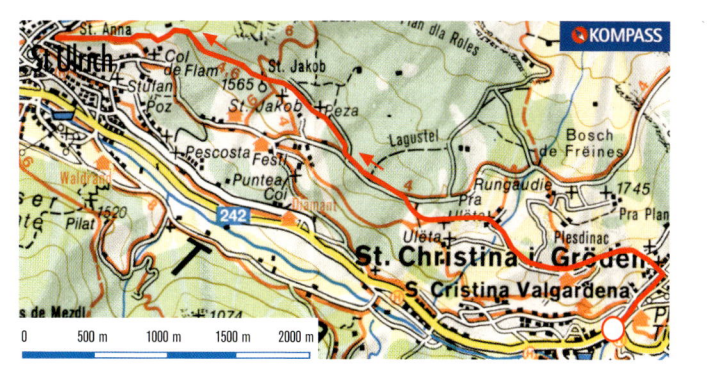

DOLOMITEN – GRÖDEN

Häuser von Praulëta. Vom Bildstock unter dem ersten Haus (Wegschild) quert ein ebener, lärchengesäumter Feldweg die Hänge gegen Westen, taucht über der an einem Steilhang gelegenen Höfegruppe von Ulëta in den schütteren Wald ein und mündet schließlich in den breiten Almweg mit Mark.4 (St. Jakob – Aschgler Alm).

Wir folgen ihm westlich, bis nach 10–15 Min., nach dem zweiarmigen, hohen Wetterkreuz bzw. dem überdachten Wegkreuz, rechts ein ebener, nummernloser Weg abzweigt, am uralten Pezahof vorbeizieht (ehemaliger Freisingscher Zinshof) und der Weg nur wenig später das **St. Jakobskirchlein** erreicht.

Nach **St. Ulrich** führt der Weg von der Kirche westwärts, zunächst eben, dann etwas abfallend, an einer Bauruine vorbei, den Waldkamm entlang und über die Col-de-Flam-Promenade ins Dorfzentrum.

Rückwege:
a) von St. Ulrich mit dem Bus nach St. Christina;
b) wie bei Tour 15 über den Ulëtaweg nach St. Christina.

St. Jakobskirche

Die in die innere Turmmauer eingravierte Jahreszahl 1181 weist das in stiller Abgeschiedenheit nordöstlich von St. Ulrich liegende Kirchlein als das älteste Gotteshaus im Tal aus. Urkundlich hingegen erscheint der Name erst 1283 im Zusammenhang mit einem Ablassbrief. Die barocken Skulpturen der ersten Bildhauersippe Grödens, der Gebrüder Vinazer, sind aus Sicherheitsgründen ins Heimatmuseum von St. Ulrich verlegt worden. Die gotischen Fresken im Präsbyterium (Brixner Schule; 1997–99 restauriert) weisen eine beachtliche künstlerische Qualität auf.
Nur periodisch geöffnet! Informationen bei den Verkehrsämtern.

DOLOMITEN – GRÖDEN

St. Ulrich – Ulëtahöfe, 1562 m
Über dem Tal zu charakteristischen Bauernhöfen

Ausgangspunkt: St. Ulrich, 1236 m.
Gehzeit: 2¾ Std.
Charakter: Leichte, problemlose Wanderung.
Einkehr: Gasthöfe in St. Jakob und St. Christina.
Karte: KOMPASS Nr. 59.

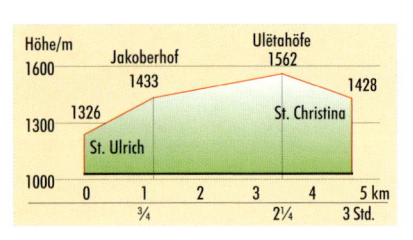

Von der Pfarrkirche in **St. Ulrich** entweder auf der Fahrstraße (Sacunstraße) oder wie im Folgenden beschrieben verkehrslos über das Paul-Grohmann-Denkmal nach St. Jakob: Von der Ostseite der Pfarrkirche auf der Luis-Trenker-Promenade östlich hinein, an der Denkmal-Lokomotive vorbei und gleich hinter dem Café Stua Zirm die Mulde links hinauf zum Hof Nis, wo man die Paul-Grohmann-Straße überquert. Ein Wegweiser gibt am Straßenrand den Beginn des dürftigen Grohmannsteiges an, der sich über eine Waldrippe, dann durch Wiesen zum Denkmal des Erstersteigers des Langkofels (1869) emporwindet. Weiter oben mündet der Steig in die Jakoberstraße (str. Sacun).
Am Hotel Jakoberhof vorbei zur

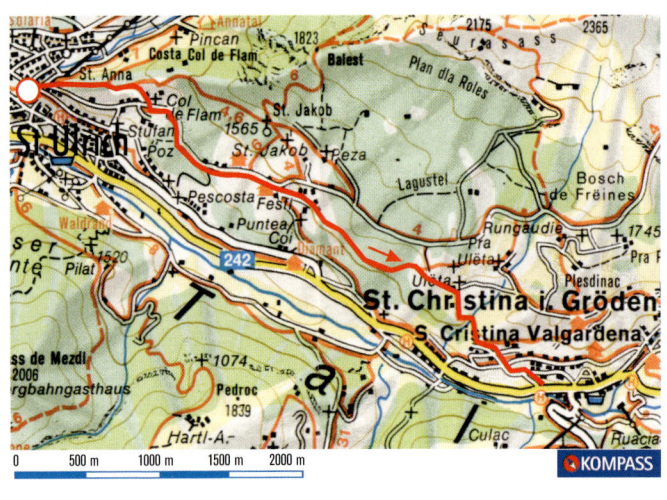

DOLOMITEN – GRÖDEN

Blick von Ulëta zur siedlungslosen Waldfurche von Jënder, die zur Seiser Alm hineinzieht.

Wegverzweigung in der Weilermitte. Der rechte, abfallende Arm wird nun aufgenommen (Soplases/St. Christina). Kurz darauf unter dem uralten Pertanhof erneut eine Wegteilung. Wir beschreiten den linken geteerten und mit Straßenlampen versehenen Zufahrtsweg zum Festìlhof. Dahinter tritt der Steig in den Lärchen- und Föhrenwald und führt ansteigend zu den förmlich an den Steilhängen klebenden, teilweise noch bewirtschafteten Bergbauernhöfen von **Ulëta**, 1562 m.

Abstiegsmöglichkeiten nach St. Christina:

a) Auf dem alten Kirchsteig über Wiesen steil hinab zur Häusergruppe Pilon, wo man die geteerte Straße zur spitzturmigen Ortskirche aufnimmt (30 Min.; Bushaltestelle am Gemeindehaus). Ausgehend vom Westtor des kirchennahen Friedhofes führt ein Steig westlich steil hinab in den Ortsteil Soplases. Dort weiter links hinab zur Brücke über den Grödner Bach und am anderen Ufer, auf einem verkehrsarmen Fahrweg westlich zurück nach St. Ulrich, 3 km; b) Von den Ulëtahöfen auf dem geteerten Höfeweg über den Ortsteil Plesdinaz zur Bushaltestelle bei den Hotels Dosses und Maciaconi; 40 Min.

DOLOMITEN – GRÖDEN

16

Über den Nives-Klettersteig auf den Piz Duleda, 2909 m

Ein stiller Fast-Dreitausender mit prachtvoller Rundschau

Ausgangspunkt: Bergstation der Col-Raiser-Bahn, 2102 m.
Gehzeit: 4¾ Std.
Charakter: Kurzer und griffiger, nicht sonderlich ausgesetzter versicherter Felssteig. Steinschlaghelm empfehlenswert, für Unsichere auch Klettersteigset.
Einkehr: Regensburger Hütte.
Markierung: Ab Regensburger Hütte Nr. 2/3 bis zur Abzweigung im Siëlestälchen, dann 3 und ab Roascharte 2 und 2C.
Karte: KOMPASS Nr. 59.

Von der Bergstation der **Col-Raiser-Bahn** mit Mark.4 in 20 Min. zur **Regensburger Hütte**. Der Puezweg, Mark.2/3, den wir von der Hütte bis ins obere Furces-de-Siëles-Kar beschreiten, ist bei Tour 48 (Puezhütte) ausführlich beschrieben.

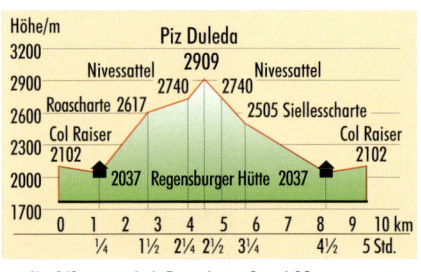

Knapp unter dem obersten Karboden, P. 2255 m, teilt sich bei einem Wegweiser der Steig. Wir verabschieden uns dort vom Puezsteig und folgen dem steilen, steinigen Steig Nr. 3, der nördlich über Rasenmulden und einen Schuttkegel die **Roascharte**,

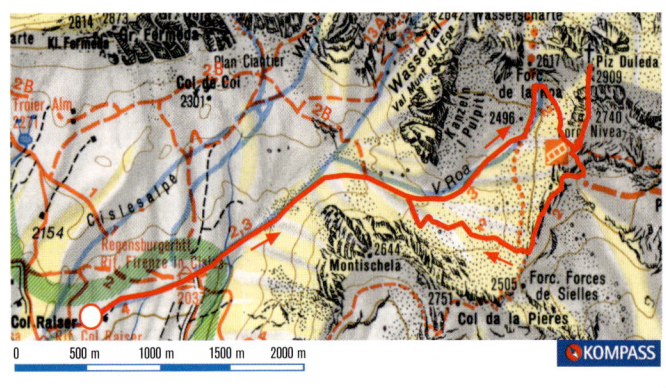

2617 m, erreicht (2 Std. ab Col Raiser). Ohne jedoch diese zu überschreiten, vertrauen wir uns nun dem Steig mit Mark.2C und 2 im roten Dreieck (Dolomiten-Höhenweg) an, der rechts, südöstlich, unter einer lang gezogenen Felsmauer dahinziehend dem Beginn des kurzen, versicherten Nivessteiges zustrebt und über Gesimse und eine Felsenge den gleichnamigen Sattel am Fuße unseres Berges erreicht (2740 m, Wegweiser, ¼ Std.). Dort nördlich über einen wenig ausgeprägten, windungsreichen, markierungslosen Steig aufwärts und über die bemooste Gratschulter und Blockwerk zum niederen Gipfelkreuz des **Piz Duleda**, 2909 m.

Gipfelpanorama:
Bei der Fülle an Gipfeln können nur die markantesten aufgezählt werden. Genau im Süden liegt die Wiesenmulde des Sellajochs. Links davon breitet sich die festungsartige Sellagruppe aus. Dahinter lugt die Firnkuppe der Marmolada hervor. Rechts des Joches erhebt sich der Langkofel, dessen breite Nordost-wand die übrigen Gipfel der Gruppe verdeckt, außer dem Plattkofel. Weiter rechts ist der abgerundete Rosengartengipfel erkennbar. Im Südwesten überblickt man die gesamte Seiser Alm mit der markanten Silhouette des Schlern. Rechts davon, am Horizont, glänzen bei dunstfreiem Wetter die Firne der Adamello-, Presanella- und der südlichen Ortlergruppe.

Im Westen, ganz nahe, erheben sich die vielgipfeligen Geislerspitzen, dessen Hauptgipfel der 3025 m hohe Sass Rigais ist. Im Norden breiten sich hinter dem Peitlerkofel im Mittelgrund die Gipfel der Zillertaler Alpen aus, die sich östlich hinüberziehen bis zu den Hohen Tauern. Im Osten erschauen wir hinter den Bergen des Gadertales die Pragser Dolomiten und einige Gipfel des Drei-Zinnen-Gebietes. Die nahen Gipfel der Puezgruppe zweiteilen das Bild. Rechts davon erkennen wir die drei Tofanagipfel (Ampezzaner Dolomiten) und weiter rechts, im Südosten, Antelao und Pelmo und Civetta (Cadoriner Dolomiten).

Abstieg: Zurück zum Nivessattel und dort der angegebenen Richtung nach (»Siëles-Scharte«) gegen Süden über das kuppenartige, flache, steinübersäte Plateau.
Bei Nebel unbedingt die rot-weiß-roten, nummernlosen Markierungzeichen und die lose aufgetürmten Steinpyramiden nicht aus den Augen verlieren. Zur Rechten drohen die Abbrüche! Der Steig fällt alsdann über die Stirnseite des Plateaus und über einen stumpfen Grat östlich zur Puezalpe ab, wo man auf Steig Nr. 2 stößt, den man rechts, südwestlich, begeht. Er führt über den Siëlesgrat (Drahtseile) und die gleichnamige Scharte zur **Regensburger Hütte** und zur **Bergstation** zurück (2 Std.).

DOLOMITEN – GRÖDEN

17

Durchquerung des Sellastocks

Unterwegs am »Berg der Ladiner«

Ausgangspunkt: Grödner Joch, 2137 m, auf der Nordseite der Sellagruppe (Parkmöglichkeiten auf der Passhöhe).
Höchster Punkt: Bergbahnstation am Sass Pordoi, 2950 m
Gehzeit: 5¼ Std.
Charakter: Nur für erprobte, trittsichere Bergwanderer bei stabilen, nebelfreien Wetterverhältnissen.
Einkehr: Pisciadùseehütte, Boèhütte, Rif. Forc. Pordoi.
Markierung: Nr. 666 und 2 im roten Dreieck (Dolomiten-Höhenweg).
Karte: KOMPASS Nr. 59.

Vom Berggasthof Frara, auf der Passhöhe des **Grödner Jochs** benützen wir Steig 666. Er zieht südlich über den Wiesenkamm empor, der Gröden von Alta Badia (Gader- oder Abteital) trennt, schwenkt dann gegen Osten und läuft unter den Nordwänden der

Eine gewaltige zweigeschossige Festung: die Sellagruppe im Süden des Grödner Jochs.

Sellagruppe dahin, um anschließend ins Felsental Val Setus einzubiegen. Zunächst geht es über Schuttströme, dann über griffreiche, seilgesicherte Felsklippen, die uns da und dort ein klein wenig turnerisches Können abverlangen. Die **Pisciadùseehütte** (ital. Rif. Cavazza al Pisciadù; 2587 m) liegt etwas höher oben auf der charakteristischen, geröllbedeckten Mittelstufe der Sella (1½ Std.).

Der Steig zur **Boèhütte** läuft am Ostufer des kleinen Pisciadùsees entlang, der von den imposanten Wänden überragt wird. Der Weg führt mit Mark.666 weiter und überwindet darauf, von Süden gegen Osten drehend, den Mündungsabfall des Val-Tita-Kessels über leichte, drahtseilgesicherte Felsklippen (Ausweichmöglichkeit: Zick-Zack-Steig zur Linken, der sich über eine steile Schuttrinne emporzieht).

Wir erreichen einen Geländeabsatz in diesem Seitenast des Pisciadùkessels. Der Steig zieht nun in einem weiten Rechtsbogen über einen mit Felsstufen eingelagerten Abfall zum Nordfirst des schuttbedeckten Sellahochplateaus hinauf, das gegen Süden flach abböscht. Der Markierung folgend über die geröllbedeckte Abdachung hinab zu einem frei stehenden, weithin sichtbaren Wegweiser, der den wichtigsten Kreuzungspunkt in diesem Bereich bildet. Dort mündet der von uns bisher verfolgte Steig in den vom Lastiestal heraufziehenden

DOLOMITEN – GRÖDEN

Die Pisciadüseehütte unter der gleichnamigen Spitze (2985 m).

Hauptsteig 647. Dieser streift kurz den gegen Osten zum Val de Mesdí (Mittagstal) hin steil abbrechenden Plateaurand (der schlanke Felsquader des Bergerturms steigt aus der Tiefe empor; beliebtes Fotomotiv!).

Nun versperrt die quergestellte Abdachung des fahlen Antersass (Zwischenkofel), hinter der sich die Boèhütte verbirgt, den Weg zu ihr. Während der Normaltourist diese Kuppe mit Mark.647 überschreitet, verlassen schwindelfreie, trittsichere Geher den Steig und queren rechts auf dem drahtseilversicherten »Coburger Weg« die Westflanke dieser Anhöhe. Zeitgewinn 10 Minuten. Das Antersass-Plateau wird erreicht und nur wenig später auch die **Boèhütte**, 2871 m (ab Pisciadüseehütte etwa 2 Std.).

Der Steig, nun Mark.627, zieht von der Boèhütte südlich auf die Anhöhe und quert in einem Bogen das abschüssige Bergsturzgelände unter der Piz-Boè-Gipfelpyramide (rötliche Ammonitblöcke). Ein karstiger Absatz wird erreicht

DOLOMITEN – GRÖDEN

und ein schichtenreicher, gesimseartiger Felsabfall gequert. Dieser Wanderabschnitt und andere vorher weisen mehrere, im Abstand von ca. 50 Meter aufgestellte Stangen auf. Bei einfallendem Nebel weiß man diese Orientierungshilfe zu schätzen.

Vom zweiten Wegweiser weg (Zusammentreffen mit dem Anstiegsweg zur Boèspitze), zieht der Steig westwärts zur Jausenstation in der nahen **Pordoischarte** am Südrand des Sellastocks, 2848 m (ca. 45 Min.).

Abstieg in das Felsental von Setus. Im Hintergrund die östliche Geislergruppe (links) sowie die Puezspitzen.

Hier muss man sich nun entscheiden, ob man lieber den Aufstieg zur Seilbahn am Sass Pordoi, 2950 m, und damit den höchsten Punkt dieser Tour, wählt oder den Fußabstieg zum tiefer gelegenen Pordoijoch, 2242 m.

Der ziemlich lange Serpentinenabstieg über Schutt und Geröll zum 580 m tiefer liegenden **Pordoijoch** (1 Std.) kann von oben komplett eingesehen werden.

Der weniger anstrengende Steig zur nur noch 120 m höher gelegenen Seilbahn-Bergstation auf dem Sass Pordoi (Restaurant) zieht von der Scharte weg westwärts, anfänglich über felsiges Gelände, sodann aber relativ flach über offenes Karstgelände empor; 20 Min.

»Berg der Ladiner«

Man nennt den gewaltigen, von hellen Schuttbändern umgürteten und von Felstälern zerrissenen Dolomitenstock, dessen Gipfelpyramide über 3000 Meter hinausragt, auch den »Berg der Ladiner«, nehmen doch an seinen Flanken die vier Täler Gröden, Abtei, Buchenstein und Fassa ihren Ausgang. In den oberen Talhälften ist noch heute ladinische Sprache und Kultur zu Hause. Dieser zweigeschossige, annähernd viereckige, mit senkrechten Felswänden abfallende Bau riegelt Gröden im Osten ab. Auf seinen Höhen breitet sich ein eintöniges von mehreren Tälern gespaltenes Hochplateau aus. Das Val Mesdí (Mittagstal) und das Val Lasties sind die bekanntesten. Achtung: Schneereste in den sonnenlosen Schluchten oft bis in den Juli hinein!

DOLOMITEN – GRÖDEN

18

Von Monte Pana, 1637 m, zur Langkofelhütte, 2253 m

Im Banne des Langkofels

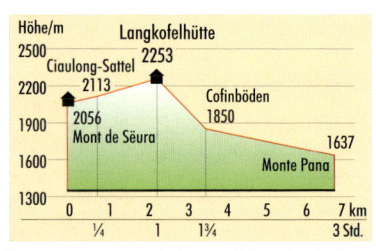

Ausgangspunkt: Monte Pana, im Süden von St. Christina; auf Autostraße, Fußweg oder mit Doppelsessellift erreichbar. Eigentlicher Ausgangspunkt der Wanderung ist die Weidekuppe des Mont de Sëura, 2056 m, am Fuße des Langkofels (Doppelsessellift).
Gehzeiten: 1 Std. zur Hütte; Abstieg 2 Std.
Charakter: Ungeübten geht der Aufstieg über den Zick-Zack-Steig am Eingang ins Langkofelkar in die Beine. Eine kurze ausgesetzte Stelle am Ciaulong-Sattel verlangt etwas Schwindelfreiheit.
Einkehr: Mont-de-Sëura-Schwaige, Langkofelhütte.
Markierung: Nr. 526B, 526, 525 und 30.
Karte: KOMPASS Nr. 59.

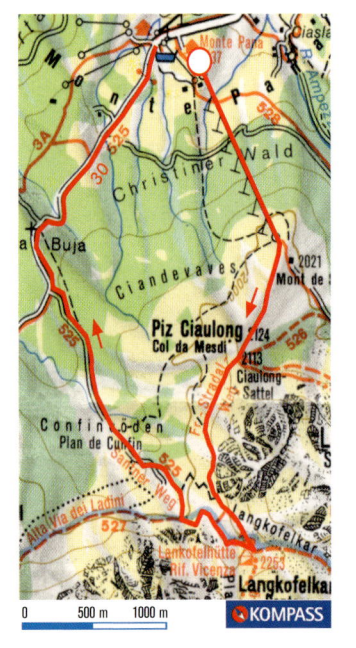

Oberhalb des Sporthotels **Monte Pana**, an der St.-Bernardus-Kapelle, beginnt ein Doppelsessellift, der auf den 2056 m hohen **Mont de Sëura** führt, den eigentlichen Ausgangspunkt der Wanderung. Die Wiesenkuppe liegt unmittelbar unter der beeindruckenden Nordwestwand des Langkofel und vermittelt schöne Tiefblicke auf St. Ulrich und die Seiser Alm. Im Norden baut sich die Zackenreihe der Geislerspitzen, im Osten die Sella auf.

Wir wandern auf einem Zubringersteig (Schilder) südwestlich über die kuppigen Weiden entlang aufwärts und gelangen nach 15 Min. in den zirben- und blockbestandenen **Ciaulong-Sattel**, wo wir auf Steig 526 treffen. Wir nehmen ihn auf und bringen das an und für sich harmlose, aber für nicht ganz schwindelfreie Wanderer eventuell unangenehme kurze Wegstück hinter uns (ungesicherte Abböschung auf der Westseite des Übergangs).

Wir erreichen schließlich den Mündungsabfall des Langkofelkars, den der Steig in zahlreichen Kehren über Schutt überwindet, um zur ca. 150 m höher gelegenen **Langkofelhütte** zu kommen. Hinweis: Der Name »Stradalweg« ist bei Einheimischen für diesen Anstieg nicht gebräuchlich.

Rückweg nach Monte Pana: Einige Minuten auf dem Anstiegsweg zurück und beim ersten Wegweiser mit Mark. 525 über den steilen Schotterweg links ab. Er erreicht den Kargrund und gabelt sich am Ausgang desselben: Wir gehen rechts und steigen zu den märchenhaft schönen Confinböden ab. Ein Alternativsteig (Beginn markiert) meidet den Schotterweg und zieht rechts davon im Zick-Zack durch Wald zu den Confinböden hinab (Cunfin, lad. = Grenze; also Grenze zwischen den Kastelruther und Grödner Weiden).

Der gut beschilderte Weg läuft nun den rechten Rand der Böden entlang abwärts und mündet nach 1,5 km in den breiten, ungeteerten, im Sommer mit Fahrverbot belegten Forstweg Seiser Alm – Monte Pana (Mark.30). Wir gehen rechts und nehmen nach ca. 20 Min. den Abkürzungssteig auf, der an bez. Stelle links abgeht (Schild »Cendevaves/St. Christina«); ab Langkofelhütte 2 Std.).

Der hier beschriebene Abstiegsweg deckt sich mit dem eigentlichen Hüttenzugangsweg.
Abzweigung vom Forstweg Monte Pana – Seiser Alm nach 2,5 km (Schild).

Auf dem Weg zur Langkofelhütte. Blick ins Plattkofelkar mit der Zahnkofelspitze.

DOLOMITEN – GRÖDEN

19

Umrundung der Cirspitzen

Erlebnisreiche Wanderung mit gegensätzlichen Landschaftsbildern

Ausgangspunkt: a) Grödner Joch (Parken an der Passhöhe); b) Bergstation der Umlaufbahn Wolkenstein – Dantercëpies.
Höchster Punkt: Cirjoch, 2469 m.
Gehzeit: 3½ Std.
Charakter: Für geübte Geher ohne nennenswerten Schwierigkeiten; einige stärkere Steigungen und Neigungen.
Einkehr: Bar Dantercëpies.

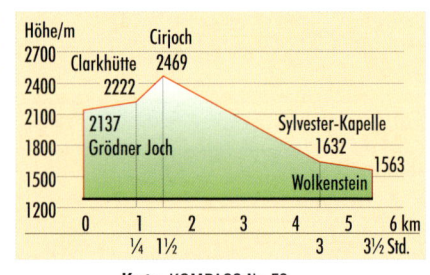

Karte: KOMPASS Nr. 59.

Die verwitterte Zackenkette der Cirspitzen erhebt sich im Norden des Grödner Joches, während ihre Nordwände zum Chedultal abstürzen. Diese Wanderung erlaubt bei gutem Wetter eine herrliche Fernsicht gegen Westen, und mit etwas Glück kann man Gämsen und Murmeltiere beobachten.
Ausgehend von der Bushaltestelle am **Grödner Joch** (Parkmöglichkeit) auf einem Wiesensteig zum Wirtschaftsweg hinauf, der unmittelbar oberhalb des Hotels Cir vorbeizieht. Auf ihm einige Kehren aufwärts bis zum ersten Hinweisschild, wo der Puezsteig mit der Mark.2, rechts, nördlich, abgeht und die Wiesen unterhalb der Großen Cirspitze querend in 20 Min. zur geschlossenen **Clarkhütte** bringt (2222 m, dunkler und

unscheinbarer Holzblockbau).

Wer von Wolkenstein mit der Umlaufbahn heraufgekommen ist, geht von der Bergstation Dantercëpies auf einem Wirtschaftsweg rechts hinunter bis zur ersten Haarnadelkurve (ca. 200 Schritte), wo dann der Zubringersteig zur Hütte (10 Min.) beginnt.

Unmittelbar über der Clarkhütte, am Endpfeiler eines Skiliftes (Eintritt in den Naturpark), windet sich der Steig über die von Legföhren bestandenen Schotterhänge. Auf dem höher gelegenen Absatz quert er eine charakteristische Trümmermulde, aus der mehrere bizarre Felstürme aufragen. Kurz, aber steil ist daraufhin der Aufstieg ins **Cirjoch**, 2469 m; 1½ Std. ab Grödner Joch.

Anschließend geht es nur mehr abwärts. Auf der Nordseite des Jochs läuft der Steig über ein paar harmlose Felsstufen, wo man ein bisschen Acht geben sollte. Im Anschluss daran, an einer engen, felsüberhöhten Stelle (Wegweiser: »Chedultal«, Mark.12) verlassen

Die Cirspitzen von Nordwesten gesehen. Das Chedultal verläuft am Fuße der ausgedehnten Schuttkegel.

wir den Puezsteig und steigen über Schotter zum obersten Talboden von Chedul hinab. Zunächst geht es noch über Rasen, später über eine mächtige Talstufe, am Talende dann steil durch Wald auf die Böden des Langentales hinab zur **St.-Sylvester-Kapelle** (1632 m).

Der Brunnen in Kapellennähe spendet das frischeste Trinkwasser von ganz Gröden! Von dort ½ Std. (1,8 km) ins Ortszentrum von **Wolkenstein**.

DOLOMITEN – GRÖDEN

20

Rund um die Langkofelgruppe
Fünf selbständige Gipfel sorgen für Abwechslung

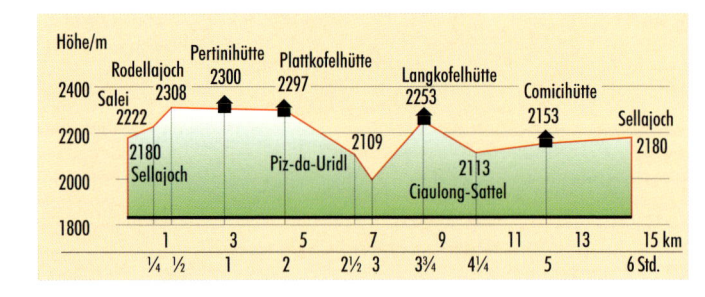

Ausgangspunkt: CAI-Schutzhaus am Sellajoch, 2180 m; Bushaltestelle, gebührenfreie Parkplätze.
Höchster Punkt: Rodellajoch, 2308 m.
Gehzeit: 6–7 Std. (ca. 17 km).
Charakter: Die Umrundung ist lang und mit zahlreichen Gegenanstiegen gespickt; auf der Langkofelsüdseite einige kurze, felsige Steigstellen. Nach Regenfällen ist der dunkelerdige Steigabschnitt Friedrich-August-Hütte – Pertini-Hütte lehmig und glitschig.
Einkehr: Friedrich-August-Hütte, Sandro-Pertini-Hütte, Plattkofelhütte, Langkofelhütte, Comicihütte.
Markierungen: 4/594, 9, 527, 526, 526A, 528.
Karte: KOMPASS Nr. 59.

Die Umrundung der gesamten Langkofelgruppe, ein ehemaliges Südseeriff (auf ladinisch heißt der Berg Saslonch), ist eine der schönsten, abwechslungsreichsten Wanderungen im Bereich der Westlichen Dolomiten und mit gegensätzlichen Dolomitenbildern geradezu vollgepfropft. Diese Tatsache entschädigt dafür, dass an ruhige Beschaulichkeit, zumindest während der Hauptsaison, nicht zu denken ist.
Die fünf selbständigen Gipfel, die der Reihe nach am Fuß umrundet werden, sind: **Fünffingerspitze**, **Grohmannspitze**, **Zahnkofel**, **Plattkofel**, **Langkofel**, 3181 m. Die Wanderung läuft im ersten Abschnitt über den legendären (König) Friedrich-August-Weg, der das Sellajoch mit der Seiser Alm (Schlern) verbindet. Er ist nach dem Sachsenkönig benannt, der vor dem Ersten Weltkrieg mehrmals in Südtirol zum Bergsteigen und Klettern weilte. (Standbild vor der Friedrich-August-Hütte, wo er, als es noch keine Unterkunft gab, im Heuschuppen übernachtet haben soll.) Im Abschnitt Rodellajoch – Pertini-Hütte quert dieser Steig, der im Hochsommer von unzähligen Wanderern aus Gröden

und dem Fassatal begangen wird, die steilen, labilen Hänge aus Tufferde. Die von Wanderern verursachten Erosionsschäden sind dort wie kaum anderswo auch für den Laien deutlich erkennbar.

Ausgangs- und Zielort ist das **Sellajoch**. Ein Abbruch der Wanderung ist an mehreren Stellen möglich, z.B. zur Seiser Alm (ab Plattkofelhütte), nach Monte Pana (ab Plattkofel- bzw. Langkofelhütte), nach Plan de Gralba/Wolkenstein (ab Comicihütte).

Vom Wegweiser unmittelbar unter der Kapelle nahe dem Sellajochhaus der Mark. 4/594 nach, südlich in den nahen Wiesensattel und auf breitem Güterweg südwestwärts am Gasthof Salei vorbei durch die liftüberzogene Skimulde ins **Rodellajoch** hinauf. Dort westwärts, an der nahen **Friedrich-August-Hütte** vorbei und an der Steiggabelung darunter links abwärts in den dunkelerdigen Graben. Nunmehr ist ein Fehlgehen ausgeschlossen. Der Steig quert ohne größere Höhendifferenzen die Steilwiesen auf der Südseite der Langkofelgruppe, die von mehreren Gräben durchfurcht sind.

Der Abschnitt **Sandro-Pertini-Hütte** – Plattkofelhütte beinhaltet einige für bergungewohnte Wanderer unangenehme Kurzpassagen (felsiger Untergrund). Zeit-

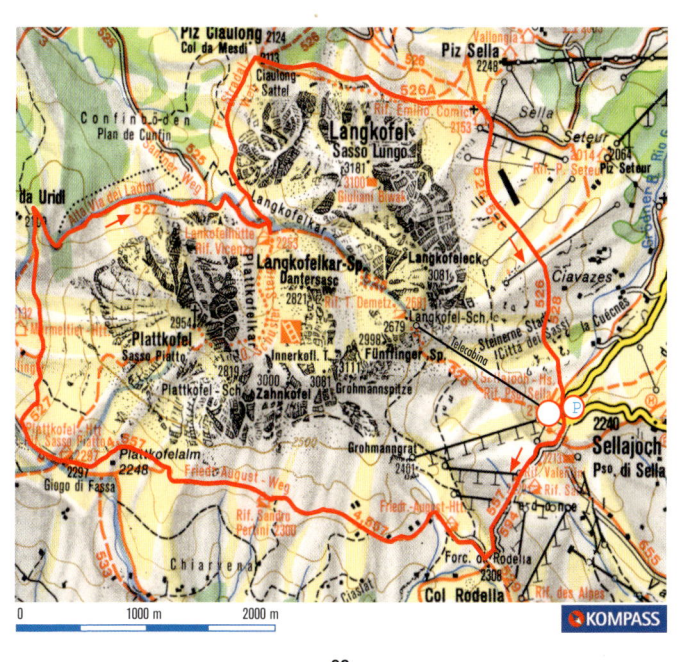

DOLOMITEN – GRÖDEN

Das Sellajoch vom Gipfel des Langkofel aus. Dahinter das gespaltene Sellamassiv, das Pordoijoch und weiter im Hintergrund Pelmo, Civetta und Marmolada.

aufwand Sellajoch – Plattkofelhütte 2 Std.

Von der **Plattkofelhütte** auf dem Zufahrtsweg von der Seiser Alm nur kurz nördlich hinab, bis beim ersten Wegweiser der Steig zur Langkofelhütte rechts, nördlich, abzweigt (Mark.527). Er umrundet, durch prächtigste Landschaft führend, die West- und die wild zerrissene Nordflanke des Plattkofel und steigt letztendlich von einem zirbenbestandenen Wiesenboden unter wildem Getürm über Schutt und Geröll zur im Felsoval des Langkofelkars liegenden Langkofelhütte auf (2253 m; 1¾ Std. ab Plattkofelhütte).

Wer auf ihren Besuch verzichtet, wechselt ca. 10 Min. unter der Hütte auf den Steig mit Mark.526 über. Er zieht, hart am Sockel des westlichen Langkofelvorbaus verlaufend, zu einer Geländeschulter hoch (Ciaulong-Sattel). Von hier führen zwei Steige zur Comicihütte. Der obere von beiden, obwohl kürzer und eindrucksvoller (und häufig begangen), ist nicht zu empfehlen, weil er nicht ganz

DOLOMITEN – GRÖDEN

Der (König-)Friedrich-August-Weg verläuft auf der Südseite der Langkofelgruppe auf der Höhe der Heustadel. Die dunklen lavischen Aschen im Graben am Fuße der Grohmannspitze umhüllten einst den gesamten Dolomitenstock und bewahrten ihn vor vorzeitiger Verwitterung.

steinschlagfrei ist. Wir begehen also vom Wegweiser weg Steig 526A. Er führt durch eine Trümmerzone, quert eine Schutthalde und steigt über blockbedeckte Wiesen zur **Comicihütte** auf (1¼ Std. ab Langkofelhütte).

Über die welligen Wiesen am Fuß der 1,8 km langen, senkrecht aus den Weideböden aufsteigenden Nordostwand des Langkofel und schließlich durch das Blocklabyrinth der »Steinernen Stadt« verlaufend, bringt uns Steig 526/528 von der Comicihütte schließlich wieder zum Ausgangspunkt am **Sellajoch** zurück (ca. 1 Std. ab Comicihütte).

Emilio Comici

... ein Triestiner Kletterer, durchstieg in den 30er Jahren des vorigen Jahrhunderts als Erster die Nordwand der Großen Zinne und die Nordwand des glatten, runden Salamiturmes, den man im Ciaulong-Sattel direkt über sich hat. Er stürzte bei einer einfachen Kletterübung im Langental bei Wolkenstein tödlich ab.

DOLOMITEN – GRÖDEN

21

Klettersteig auf die Kleine Cirspitze, 2527 m

»Spazierweg« zwischen Himmel und Erde

Ausgangspunkt: Wolkenstein, Bergstation der Umlaufbahn Wolkenstein – Dantercëpies, 2300 m. Sollte die Bahn saisonbedingt noch nicht oder nicht mehr verkehren, erreicht man den Ausgangspunkt zu Fuß in ½ Std. vom Grödner Joch auf gutem Steig (direkt ab der Talstation des Sessellifts). Parkmöglichkeiten an der Talstation des Sessellifts bzw. gegenüber dem Grödner-Joch-Hospiz.
Gehzeit: Ca. 2½ Std.
Charakter: Ein »Spaziergang«, nur für Profis natürlich! Es handelt sich zwar um den kürzesten und leichtesten unter den Felssteigen von Gröden, trotzdem wurde er Berggehern ohne Erfahrung und kompletter Kletterausrüstung wiederholt zum Verhängnis.

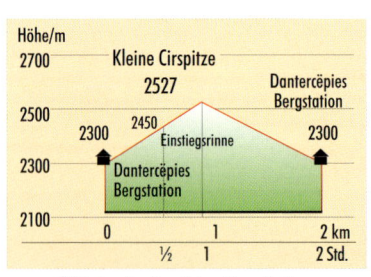

Einkehr: Dantercëpies-Bergstation.
Karte: KOMPASS Nr. 59.

▶▶ *Achtung:* An Klettersteige wage sich ohne erfahrenen Begleiter bzw. Führer nur heran, wer absolut trittsicher und schwindelfrei und im Umgang mit der Klettersteigausrüstung vertraut ist. Bei Gewitterlage Rückkehr unbedingt in den frühen Nachmittagsstunden!

Die Piza Cuëcena, die Kleine Cirspitze, ist einer der vielen selbstständigen Gipfel im zersägten Kamm der westlichen Cirspitzen im Norden des Grödner Joches und greift mit einer steilen, schotterdurchsetzten Wiesenschulter zur **Bergstation der Umlaufbahn Wolkenstein – Dantercëpies** herab. Das mit verblassten roten Punkten versehene Steiglein führt, ausgehend vom Wegweiser oberhalb der angrenzenden Sesselliftstation, in engen Kehren zur klippenreichen Einstiegsrinne empor, in der man zum Weiterkommen schon die Hände benützt. An ihrem oberen Ende verlässt man sie nach rechts und steht nun auf ei-

DOLOMITEN – GRÖDEN

nem markanten, kleinen Absatz. Die kurze Metallleiter und das Stahlseil geben den Beginn und den weiteren Verlauf des Anstieges an, der zwar verhältnismäßig kurz, aber nichtsdestoweniger sehr ausgesetzt und luftig über die griff- und absatzreiche Südostflanke der Felsnadel zur Höhe führt. Der niedere, aber sehr kompakte Gipfelaufbau der Kleinen Cirspitze erfordert auch ein wenig turnerische Fähigkeit.

Abstieg: Zurück bis unter den Gipfelaufbau, dann den fixen Seilen nach nördlich in die Scharte hinab.

Dort rechts und durch die Rinne hinab, die man etwas tiefer unten wiederum nach rechts verlässt, um auf einem Steiglein, das den Bergsockel umrundet, wieder zum Anstiegspfad oberhalb der Bergstation zu gelangen. Im Abstieg darauf achten, keine Steine loszutreten!

Wo Griffe und Tritte fehlen, helfen auf Klettersteigen Drahtseile, Eisenklammern und die richtige Ausrüstung weiter.

DOLOMITEN – GRÖDEN

22

Von der Brogleshütte, 2045 m, zur Panascharte, 2447 m

Beliebte Hochgebirgswanderung in Gröden

Ausgangspunkt: Brogleshütte, 2045 m, von der Bergstation des Raschötzer Liftes in 1½ Std. zu erreichen; Parkplatz an der Talstation (bzw. Parkgarage bei der Seceda-Bahn) in St. Ulrich.
Gehzeit: 3 Std.
Charakter: Für trittsichere und routinierte Berggeher problemlos.
Einkehr: Brogleshütte, mehrere Einkehrstätten auf der Secedaalm.
Markierung: Nr. 6.
Karte: KOMPASS Nr. 59.

Von der Bergstation des Raschötzer Liftes wie bei Tour 7 beschrieben zur **Brogleshütte**. Der Steig mit der Mark.6 beginnt unmittelbar oberhalb der Hütte, am Zaungatter (Wegweiser), zieht links, südöstlich, weg, umrundet eine Geländeschulter und fällt in eine Wiesenmulde ab, in der ein Rinnsal gequert wird. Am Gegenhang strebt er flach aufwärts und erreicht dann die mit Rinnen durchzogenen Schotterhalden am Fuß der Geislerspitzen-Ausläufer, über die er sich im Zick-Zack emporarbeitet. Am Eingang ins Steilkar versperrt uns ein mächtiger Felsblock scheinbar den Zugang.

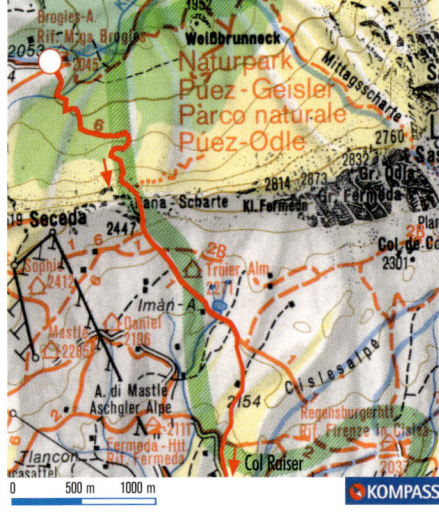

Ein fixes Stahlseil, Eisenstifte und Balkenstufen helfen aber über den unwegsamsten Aufstiegsabschnitt hinweg. Über das trichterartige und steile Kar gelangen wir schließlich an seinen oberen Rand, die **Panascharte**. (Sauberes Gehen ist hier unbedingt erforderlich. Vermeiden Sie jeglichen Steinschlag, ansonsten gefährden Sie die Nachkommenden!)

Aufstieg zur Panascharte (Nordseite)

Anschlusssteige:
In der Scharte befinden sich Wegweiser:

a) rechts, westwärts, auf ebenem Steig in 10 Min. zur Bergstation der sichtbaren Seilbahn nach St. Ulrich,

b) zur Bergstation der Umlaufbahn St. Christina – Col Raiser wie folgt: auf dem Serpentinensteig über Wiesen absteigend zu den obersten Heuhütten der Aschgler Alm hinab, sodann auf dem vorbeiziehenden Steig 2B, links, ostwärts einige Minuten weiter, bis am tiefsten Punkt des Weges rechts der Steig mit Mark.1 zur nicht weit entfernten **Troier Schwaige** abzweigt (etwa ½ Std. ab Scharte).

Von dieser Einkehrstätte, weiter auf Steig 1 verbleibend bis zur nächsten Steigverzweigung mit Wegweiser (ca. 10 Min.). Dort verlassen wir den Steig 1 zur Regensburger Hütte und steigen südlich zur sichtbaren **Bergstation** der Col-Raiser-Umlaufbahn ab (Berggasthof; ab Troier Schwaige knapp 1 Std.).

Zum Adolf-Munkel-Weg

... gelangen rüstige, trittsichere Geher auch von der Bergstation der Seilbahn St. Ulrich – Seceda aus, die Panascharte von Süd nach Nord überschreitend (Mark.6; Wegweiser. Gleich am Ausgang des Felsovals, unterhalb der Panascharte rechts ab. Einmündung in den Höhenweg ca. 20 Min. hinter der Brogleshütte).

DOLOMITEN – GRÖDEN

23

Durch das Langental zur Puezhütte, 2475 m

Hüttenzustieg über ein eiszeitliches Gletschertal

Ausgangspunkt: Wolkenstein, Carabinieri-Sportzentrum am Eingang ins Langental, 1610 m, ca. 20 Min. ab Ortsmitte; Parken 100 m nach der Kaserne.
Gehzeiten: 4 Std. bis zur Hütte; Abstieg 3 Std.
Charakter: Steil, aber ungefährlich.
Einkehr: Puezhütte.
Markierung: Nr. 16 bzw. 14.

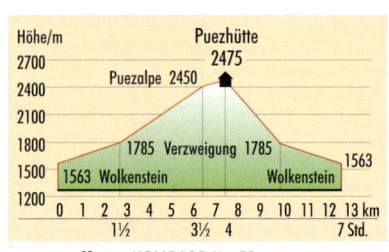

Karte: KOMPASS Nr. 59.

Vom Sportplatz vor dem ausgedehnten Gebäudekomplex der Carabinieri-Kaserne (direkt unter der senkrechten Felswand der Stevia am Eingang ins Langental) bzw. vom Parkplatz auf ihrer Rückseite wandern wir talein, an der St.-Sylvester-Kapelle vorbei, über eine Reihe sanfter Talstufen. Nach einer guten Stunde (1785 m, Weg-

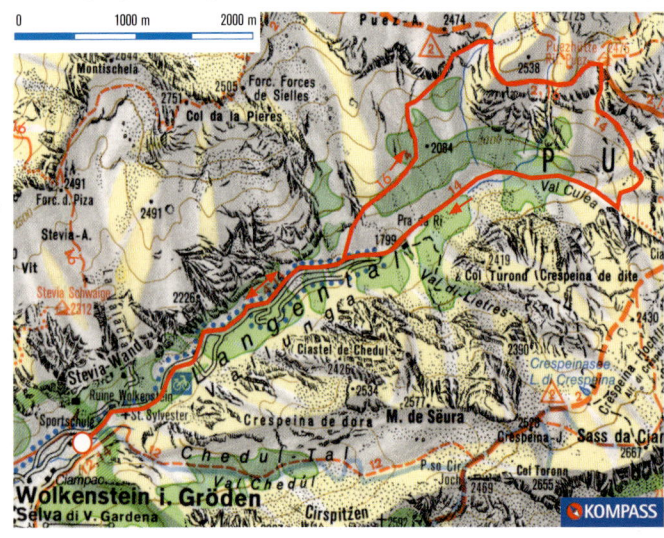

DOLOMITEN – GRÖDEN

Der Weideboden Pra Dari (Bildmitte) im Langental.

weiser, 3,6 km), kurz vor Erreichen des ausgedehnten Weidebodens **Pra Dari**, bieten sich zwei Möglichkeiten zur Puezhütte: a) Steig 16 geht dort links ab und erreicht nach 2 Std. den Wegweiser auf der **Puezalpe**, 2450 m (Einmündung in Steig 2). Rechts, südöstlich, einen Ausläufer des harmlosen Puezkofels umrundend, erreicht man in ½ Std. ab Wegweiser die Puezhütte).

b) Steig Nr. 14 durchquert vorerst den langen, sanft ansteigenden Wiesenplan und windet sich erst weit hinten, am Talende (Weggabelung, Schild) über die steile Bergflanke zur Linken, um zu der auf dem breiten Gesimse der Puezalpe liegenden Hütte des CAI Bozen zu gelangen. Beide Wege sind ungefähr gleich lang, Steig 14 vielleicht etwas steiler und eintöniger, sofern bei einer so grandiosen Naturlandschaft ein solches Wort erlaubt ist.

Rückwege: Wer auf Steig 16 aufsteigt, wird auf Steig 14 absteigen und umgekehrt.

Das Langental

... ist ein typisches Trogtal in U-Form, das von einem eiszeitlichen Gletscher ausgehobelt wurde. Seine senkrechten Talflanken beeindrucken jeden Wanderer.
Oberhalb des Carabinieri-Sportzentrums kann man auf schmalem Gesimse die Ruine Wolkenstein entdecken.

DOLOMITEN – GRÖDEN

24

Von Monte Pana, 1637 m, zum Berghaus Zallinger, 2054 m

Ein stiller Hüttenweg durch Wälder und Wiesen

Ausgangspunkt: Monte Pana, 1637 m, Geländestufe im Süden von St. Christina, Parkplatz an der Talstation des Sesselliftes.
Gehzeiten: 2½ Std. bis zur Hütte; Abstieg 2½ Std.
Charakter: Problemlose Wald-und Wiesenwege.
Einkehr: Berghaus Zallinger.
Markierung: Nr. 30 und 7.
Karte: KOMPASS Nr. 59.

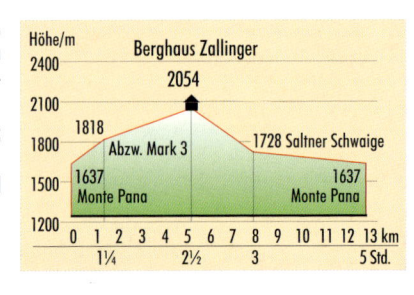

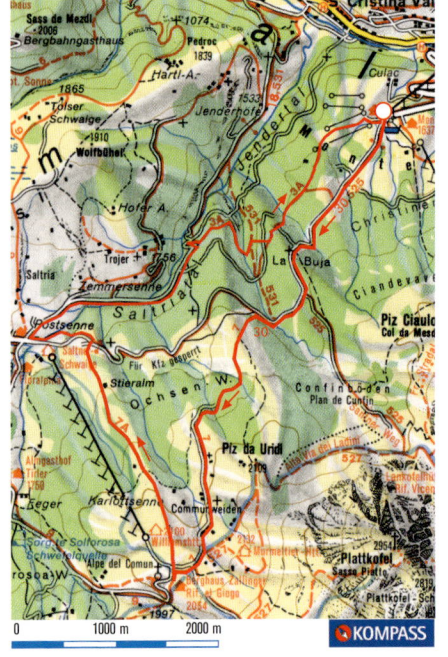

Im Mittelpunkt dieser Wandertour stehen Lang- und Plattkofel, deren Felsgestalten jäh hinter dunklen Tannen senkrecht emporragen. Von Monte Pana aus kann man den schön gelegenen Almgasthof auf mehreren Wegen erreichen. Im Folgenden wird die meist begangene und auch kürzeste Route beschrieben.

Von St. Christina zu Fuß, mit Pkw oder dem Sessellift (Ausgang in jedem Fall an der Brücke über den Grödner Bach, hinter dem Hotel Post) nach **Monte Pana**. Dort nehmen wir die breite, im Sommer für den allgemeinen Verkehr gesperrte, ungeteerte Forststraße zur Seiser Alm auf (Mark.30), die am runden Fahrverbotszeichen beginnt. Wir marschieren nun auf leicht ansteigendem bis ebenem Weg durch aufgelockerte Wälder, bis wir nach rund 1¼ Std. (3,7 km) eine kleine Anhöhe, 1818 m, erreichen, von der aus wir im Westen die Seiser Alm mit Schlern das erste Mal überblicken (Wegweiser). Dort nehmen wir einen holprigen Almweg auf (Mark.7), der links, südwestlich, zunächst die Ochsenweiden, dann rinnsalgezeichnete Wälder durchmisst, um zu den herrlichen, unberührten Almwiesen am Fuß der majestätischen Plattkofelwände aufzusteigen. Von diesen naturbelassenen Wiesenhängen unterhalb des Piz da Uridl ist es nur noch ein Katzensprung zum **Berghaus Zallinger** im Südwesten (ab Abzweigung ca. gut 1 Std.).

Rückweg:
Gemütliche Wanderer benützen vom Berghaus Zallinger den hüttennahen Florianlift, um nach Saltria abzufahren und nehmen dort den Linienbus ins Tal.
Zu Fuß erreicht man die Saltner Schwaige und die Hotelniederung auf Steig 7A. Er zweigt vom Weg zur Bergstation (Williamshütte) rechts ab (Wegschild).
An der Bushaltestelle vor dem Hotel Saltria, jenseits des Baches, 1700 m, beginnt der Weg durch das Jéndertal nach St. Ulrich (Mark.18; östl. abfallend). Wir verfolgen ihn eine gute ¼ Std. bis zur Abzweigung nach Monte Pana, die sich am Ende der einzigen Steigung befindet (Wegweiser, Mark.30A).

Dreisprachige Wegtafeln auf Monte Pana (ladinisch, deutsch, italienisch).

Dieser Forstweg, der rechts, nordöstlich, abzweigt, steigt zunächst zu einer Waldschulter auf und fällt dann zum jungen Confinbach ab, wo er den Steig zur Langkofelhütte kreuzt. Alle Weggabelungen des breiten Forstweges nach **Monte Pana**, den wir weiterverfolgen, sind sehr gut bezeichnet und ausgeschildert, weshalb sich eine ausführliche Beschreibung erübrigt (ab Saltria ca. 1¾ Std., 5,5 km).

DOLOMITEN – GRÖDEN

25
Über den Adolf-Munkel-Weg ins Villnößtal

Auf einem fast hundertjährigen Steig unterwegs

Ausgangspunkt: Von St. Ulrich zur Bergstation des Raschötzer Lifts, und von dort in 1½ Std. zur Brogleshütte, 2045 m.
Höchster Punkt: Innerraschötzalpe, 2150 m.
Gehzeit: 2½ Std.
Charakter: Auch für ausdauernde Spaziergänger geeignet.
Einkehr: Bergstation Raschötz, Brogleshütte, Gasthof Glatschalm.

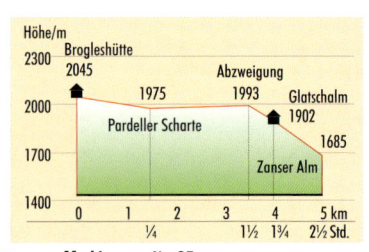

Markierung: Nr. 35.
Karte: KOMPASS Nr. 56.

Am unteren Hauseck der **Brogleshütte** (Zugang siehe Tour 7) führt Mark.35, der wir folgen, schräg durch die umzäunte Wiese und fällt alsbald in ein locker bewaldetes Tälchen ab, wo sich nach Überschreiten eines Rinnsales an der Grenze zum Naturpark, der Steig gabelt.

Wir wählen den oberen Weg

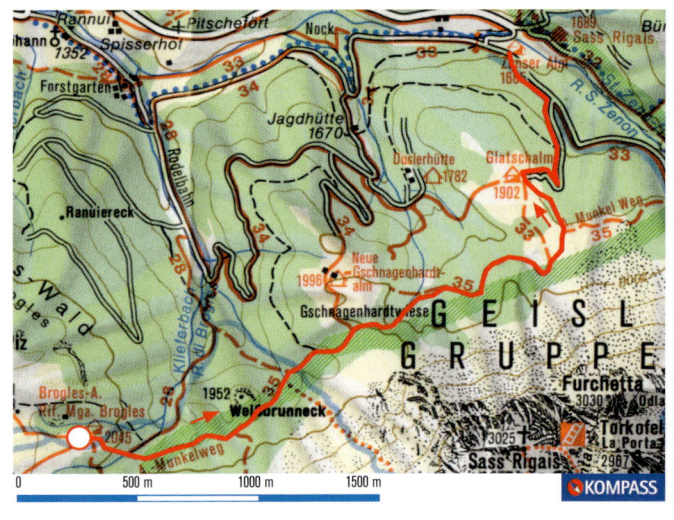

(Mark.35), lassen die verschiedenen Abzweigungen außer acht und erreichen ohne Mühe immer gegen Osten wandernd nach einer ¾ Std das mit hellen Gesteinstrümmern und Schotter ausgefüllte, nur nach Gewittern wasserführende Bett des Kliefenbaches.

Wir befinden uns unter der Kerbe der Mittagsscharte. Zu ihrer Linken thront der Hauptgipfel der Gruppe, der 3025 m hohe Sass Rigais. Beeindruckend auch die steile, 3030 m hohe Furchetta (dt. die Gabel).

Deutlich zu erkennen ist auch der Sockel, auf dem diese Dolomitengruppe fußt, eine Reihe von mehrschichtigen, bunten, dünnen Meeresablagerungen, die durch einen eiszeitlichen Murenabgang einen Spaltbreit von ihrer Schotterdecke befreit worden sind (Alter: 250 Millionen Jahre und älter).

Es folgt die einzige schärfere Steigung des Munkel-Weges, an deren Ende wir eine roterdige Waldschulter überqueren (die Abzweigung zur Gschnagenhardtalm kurz vor der Anhöhe lassen wir unberücksichtigt). Jenseits fällt der Steig ab, und wir durchschreiten einen kleinen Waldboden, wo an einem Felsblock die Gedächtnistafel für Adolf Munkel, ehemals Vorstand der DÖAV-Sektion Dresden, angebracht ist. Auf sein Betreiben hin wurde der Steig 1905 errichtet. Rund 4,5 km hinter Brogles (1½ Std.) kommen wir schließlich zur Abzweigung

Der Adolf-Munkel-Weg, unterhalb der Geislerspitzen.

zur **Glatschalm**, 1902 m (Holzkreuz, Wegweisertafel). Wir verlassen also den Munkel-Weg kurz vor seinem Ende, um links, nordwestlich, in wenigen Minuten dem in einer der schönsten Waldlichtungen der Dolomiten eingebetteten, gleichnamigen Gasthaus zuzustreben.

Ein breiter und ungeteerter Güterweg führt von dort zur **Zanser Alm**, 1685 m (Gasthaus, Bushaltestelle) im hintersten Villnößtal hinab.

Rückfahrt nach Gröden (in Klausen umsteigen auf den Linienbus Brixen – Gröden).

DOLOMITEN – GRÖDEN

26

Vom Ciampinoi, 2254 m, zur Langkofelhütte, 2253 m

Im Winter Skiweltcup-Piste, im Sommer ein beliebter Aussichtsberg

Ausgangspunkt: Bergstation der Umlaufbahn Wolkenstein – Ciampinoi, 2254 m; Parkplatz an der Talstation.
Gehzeit: 2 Std. zur Hütte, anschließend ca. 1½–2 Std. Abstieg nach Monte Pana.
Charakter: Beschwerlicher Zick-Zack-Anstieg im Langkofelkar; im Sattel des Piz Ciaulong eine kurze und etwas ausgesetzte Stelle.
Einkehr: Langkofelhütte.

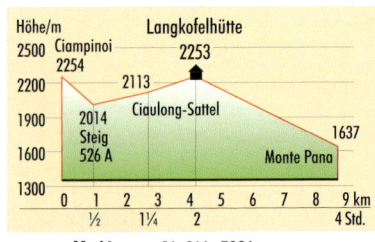

Markierung: 21, 21A, 526A.
Karte: KOMPASS Nr. 59.

Die Route beginnt direkt am Endpfeiler des Piz-Pransëies-22-Liftes (der Liftname scheint am Pfeiler auf). Der Steig umrundet die Ciampinoi-Anhöhe und fällt alsdann über die zum Langkofel hin ausgerichteten Hänge zu einem Wiesensattel mit Wegweiser ab (lad. Ëures da Tieja, Mark.21, 15 Min.). Wir verfolgen die angezeigte Richtung »Dantersasc/Langkofelhütte« leicht ansteigend bis zur der Teilung mit Hinweisschild unter den Westhängen des seilbahnbesetzten Piz Sella (Mark. 21A).
Der Weg zur Comicihütte wird rechts, südwestlich, verlassen.
Am nahen, winzigen Bergteich mit zirbenbewachsenem Felsblock

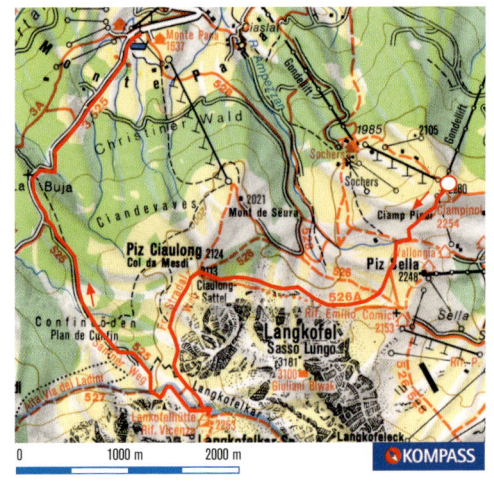

Zyklopenhaft ragt der Langkofel in den Himmel. An seinem Fuß gut sichtbar der Steig 526 zur Langkofelhütte, der aber steinschlaggefährdet ist.

stoßen wir auf Steig mit Mark. 526A, der erst die riesige Schutthalde unterhalb der atemberaubenden, 1000 m hohen Nordwestwand des Langkofel quert, dann eine Bergsturzzone durchläuft, um zuletzt zum baum- und felsblockbesetzten Piz-Ciaulong-Sattel vorzustoßen, 2113 m.

Hier müssen sich ängstliche Naturen nun kurz ein Herz nehmen, denn der etwas schmale Steig (Mark.526) fällt mit einer Kehre über abschüssiges Gelände ab und umrundet dann den Westsockel des Bergriesen. Über spärlich begrünten Schutt und Geröll in Kehren ansteigend, gewinnen wir den Eingang zu der grandiosen Felsenarena des Langkofelkars, und bald darauf die **Langkofelhütte** (ab dem Piz-Ciaulong-Sattel rund 45 Min.).

Durch das Langkofelkar geht es auf dem alten, steinigen Hüttenweg oder auf dem neu geschaffenen Alternativsteig hinab zu den Confinböden und mit Mark. 525 diese entlang flach hinaus zur Forststraße nach **Monte Pana** (nach der Einmündung rechts gehen). Von der Geländeterrasse auf 1637 m führt ein Sessellift nach St. Christina.

Variante: Über die Toni-Demetz-Hütte (Langkofelscharte) zum Sellajoch, Mark.525; 1–1½ Std. zur Scharte, von dort mit Gondelbahn zum Sellajoch und mit Bus oder zu Fuß ins Tal.

Der Ciampinoi

... der Waldberg im Süden von Wolkenstein, ist vor allem wegen seiner Skipisten bekannt, auf denen 1970 alpine Skiweltmeister gekürt wurden und alljährlich im Dezember eine Weltcup-Abfahrt gestartet wird. Im Sommer ist er ein Aussichtsberg ersten Ranges, und der Blick zu dem zum Greifen nahen Felsdom des Langkofel sucht seinesgleichen im gesamten Alpenraum.

DOLOMITEN – GRÖDEN

27

Durch das Ampezantälchen zur Comicihütte, 2153 m

Durch ein unberührtes Tal zum Fuß des Langkofel

Ausgangspunkt: Parkplatz vor dem Kulturhaus Oswald von Wolkenstein, im Zentrum von Wolkenstein, 1563 m
Gehzeit: 2 Std. bis zur Comicihütte, 1¼ Std. Abstieg nach Plan.
Charakter: Gefahrlose Wanderung, teilweise über Forstwege
Einkehr: Comicihütte
Markierung: Rot-weiß-rot, nummernlos; über der Waldgrenze Einmündung in Steig 526/528
Karte: KOMPASS Nr. 59

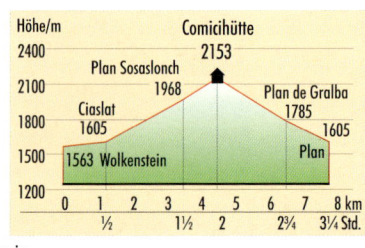

Im viel besuchten Gröden sind die stillen, unberührten Plätzchen eher rar geworden. Eines davon ist das ruhige Ampezantälchen, das vom Fuß des Langkofel in nordwestlicher Richtung ins Haupttal abfließt. Buchstäblich im Schatten des abrupt aufsteigenden, zyklopenhaften Hausberges von Gröden verläuft unser Aufstieg.

Vom **Kulturhaus** Oswald von Wolkenstein führt ein Steig parallel und über der Fahrstraße ohne merklichen Höhenunterschied zum westlich gelegenen Ortsteil La Selva (1,2 km). Am Steigende münden wir bei einem Fahnenbündel in die La-Selva-

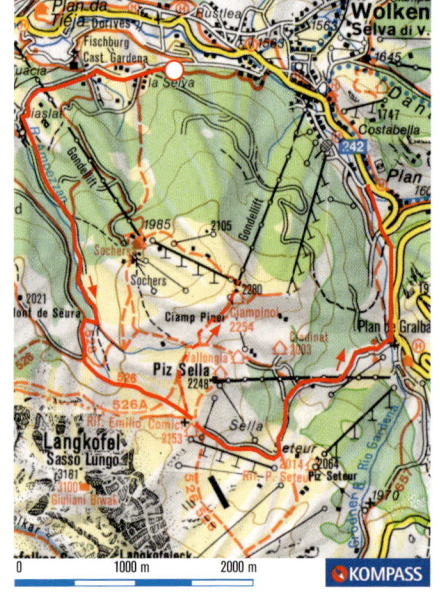

DOLOMITEN – GRÖDEN

*Seeauge unter dem Piz Sella.
Hier führt der Steig zur Comicihütte vorbei.*

Straße ein, die wir bis an ihr Ende (Haus Bruna) verfolgen (ca. 1 km, Wegweiser: Rif. Comici/Sellajoch). Eine breite Wiesenmulde wird auf ungeteertem Weg gequert und das gegenüberliegende Wohnhaus mit Heustadel, der **Oberciaslathof**, erreicht (durch die Mulde läuft im Winter die bekannte Saslonch-Skirennstrecke).

Dort beginnt am Endmasten einer Starkstromleitung ein zunächst noch undeutliches Steiglein, das im spitzen Winkel links, südöstlich, den Langkofel im Blickpunkt, den Zaun entlang aufwärts zieht (Mark.23).

Ein Forstweg, den man etwas weiter oben benützt, verliert sich nach ¼ Std. in einer abschüssigen Weide (Wegweiser). Rechts hinunter zum Ampezanbach und am jenseitigen Ufer mit Markierung 528, auf steinigem, ziemlich steilem Weg empor zu der über der Waldgrenze gelegenen, wichtigen Steigkreuzung **Plan Sosaslonch**, 1968 m (dt. »Weideboden unterm Langkofel«); 1 Std. ab Ciaslat. Die **Comicihütte** befindet sich von hier aus im Südosten. Sie liegt verdeckt im Wiesensattel zwischen dem liftbesetzten Piz Sella und dem rundlichen Langkofelvorbau. Die Hütte trägt den Namen des Triestiner Kletterers Emilio Comici (siehe Seite 71). Wir erreichen sie unschwer in einer ½ Std., ein Zaungatter und das Schotterbachbett querend (Steig 526/528).

Rückwege: a) Abstieg zu Fuß auf einem Güterweg nach **Plan de Gralba**; Bushaltestelle; ¾ Std.) und weiter nach **Plan** hinter Wolkenstein auf einem Steig, der ca. 200 Schritte unterhalb des Hotels von der Passstraße links abzweigt (Mark.21).

b) Steig zur Bergstation der Ciampinoi-Umlaufbahn nach Wolkenstein (auf die Hauptsaison beschränkter Fahrbetrieb).

Auf dem Anmarschweg zurück zum Wegweiser und dann die Mark.526/528 verlassend nördlich zum Wegweiser im Tieja-Sattel (Mark.21A, 21). Weiterhin nördlich über die Südhänge des Ciampinoi zur Bergstation (½–¾ Std.).

DOLOMITEN – GRÖDEN

28

Plattkofel, 2954 m

Der Oskar-Schuster-Steig: ein Felsweg für Erprobte

Ausgangspunkt: Langkofelhütte, 2253 m (vom Sellajoch oder von Monte Pana aus).
Gehzeit: 4 Std.
Charakter: Gute Kondition, Trittsicherheit und Schwindelfreiheit Voraussetzung. Für erprobte Alpinisten wegen der angebrachten Stahlseile ein leichter Steig geworden; aber dennoch – ein solider Umgang mit der nötigen Klettersteigausrüstung ist erforderlich!

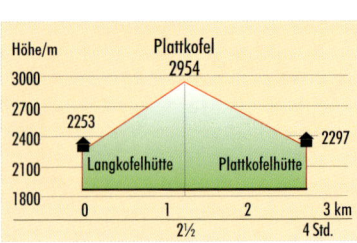

Einkehr: Langkofelhütte, Plattkofelhütte.
Karte: KOMPASS Nr. 59.

Von der **Langkofelhütte**, die man entweder vom Sellajoch über die Langkofelscharte (Gondelbahn, Tour 37) oder von Monte Pana (Sessellift auf den Mont de Sëura, Tour 18) in jeweils 1 Std. erreicht, zieht ein Pfad (rote und rot-weißrote, nummernlose Farbzeichen) in südlicher Richtung am Wasserbehälter oberhalb der Hütte vorbei ins eindrucksvolle Plattkofelkar. Er quert den riesigen Schuttkegel am Fuß des Zahnkofels und strebt dem obersten rechten Karwinkel zu. Der Firnschnee der nahen Plattkofelscharte wird nicht betreten. Eine ausgezeichnete Markierung leitet zunächst durch eine Schrofenrinne und höher oben über ein Schotterband.

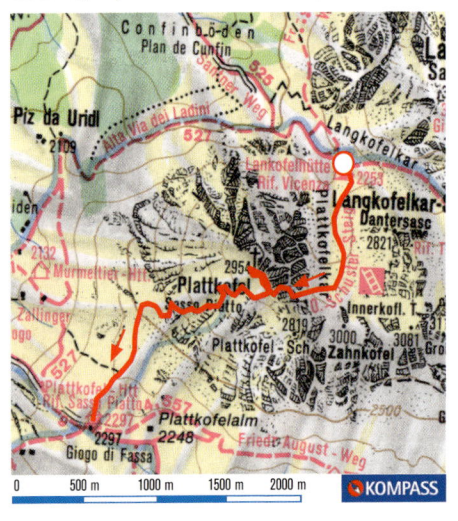

Wir verlassen das hoch gelegene Gesimse nach ungefähr 100 Schritten (auf Markierung achten!) und klettern links über eine griffreiche, mäßig steile Rinne empor. An ihrem oberen Ende betritt man ein schmales Schärtchen, von dem eine Steilrinne zu den Confinböden abbricht. Es lässt sich beobachten, dass die Ostflanke unseres Berges stark strukturiert ist und sich in Gesimse, Klippen, Rinnen und Klüfte auflöst. Und eben diese Schwachstellen der Wand nützt unser Felssteig aus, der an den am stärksten ausgesetzten Passagen eine straffe und gut verankerte Stahlseilsicherung aufweist. Endlich gelangen wir durch eine Schlucht zur Scharte im Gipfelgrat, über den wir dann, rechts ansteigend, das nahe Gipfelkreuz erreichen. Gipfelpanorama: siehe Tour 41.

Auf dem Oskar-Schuster-Steig in der Plattkofel-Nordostwand. Im Hintergrund der Innerkoflerturm und Zahnkofel

Der Abstieg zur Plattkofelhütte: Die Abdachung weist zwar einen Hauptsteig auf, der an der Ausstiegsschlucht vorbeizieht, doch erwischt man darauf, wenn man nicht gut Acht gibt, den Weiterweg über die schotterbedeckten Schrofen nicht immer auf Anhieb, weil die Markierung und damit der Wegverlauf oft nur schwer zu erkennen ist. Mit etwas Glück kommen wir in 1–1½ Std. zur **Plattkofelhütte** hinab, zu der wir stets Blickkontakt haben.

Der **Rückweg** von der Plattkofelhütte zum Sellajoch erfolgt auf dem bequemen Friedrich-August-Weg (Mark.4/594; 1½ Std.), der auf der Südseite der Langkofelgruppe verläuft (vergleiche auch Tour 41 in der entgegengesetzten Richtung).

Oskar Schuster

Der Elbsandsteinkletterer Oskar Schuster war der Erkunder und Erstbegeher des Steiges durch die Plattkofel–Nordostwand (letztes Jahrzehnt des 19. Jahrhunderts).

DOLOMITEN – GRÖDEN

29
Seiser-Alm-Überquerung
Über Mitteleuropas großräumigste bewirtschaftete Hochfläche

Ausgangspunkt: St. Ulrich, Bergstation der Umlaufbahn St. Ulrich – Seiser Alm, 2006 m; Parkgarage an der Talstation.
Höchster Punkt: Berghaus Zallinger, 2054 m.
Gehzeit: 4½ Std. (durch Benützung des Florianliftes Zeitverkürzung).
Charakter: Familienfreundliche Wanderung ohne Schwierigkeiten.
Einkehr: Saltner Schwaige, Berghaus Zallinger, Hotel Saltria, Williamshütte.
Markierung: Nr. 9, 7A, 7, 30/525.
Karte: KOMPASS Nr. 59.

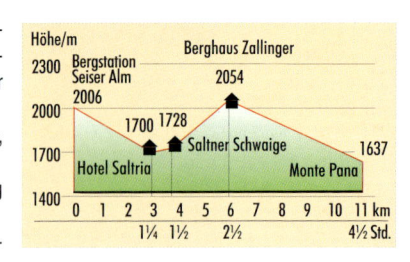

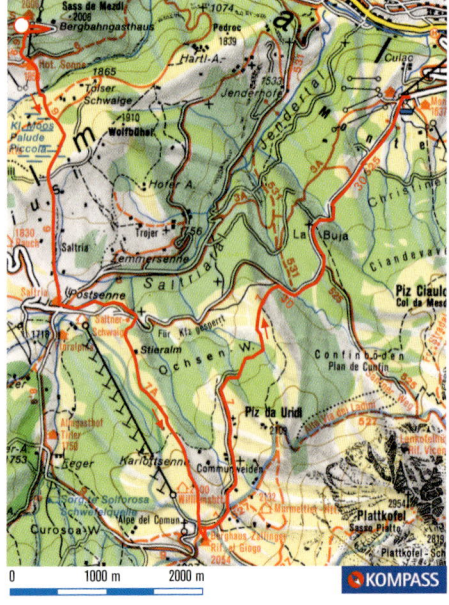

Unsere Wegstrecke, 5,5 km lang, durchmisst in nahezu gerader Linie die blumenreichen welligen Matten der 50 km² großen Seiser Alm von Nord nach Süd. Die großartige Langkofelgruppe liegt dabei unverdeckt im Südosten. Von der **Bergstation** der neu errichteten Zweiseil-Umlaufbahn St. Ulrich – Seiser Alm (2006 m) ausgehend, wandern wir auf dem breiten Weg, der links, östlich, abgeht (Mark.9) und uns dann in einer weiten Kehre hinab zum Hotel Sonne/Sole, 1858 m, bringt. Dorthin auch mittels Sessellift oder einen Abkürzungssteig, der von der Skipiste links ausgeht. Vom Hotel ziehen wir südlich geradlinig zum dunkelerdigen Fischerbächlein hinab, das überschritten wird, um auf der gegenüberliegenden Anhöhe die feuchten Wiesen des Pitl Paluch (Biotop »Kleines Moos«) zu durchqueren.

Ein langer, flacher Abstieg über Wiesen bringt uns schließlich zur weiten, hotelbesetzten Almniederung von **Saltria** hinab (1700 m; 1¼ Std.).

Wir lassen das gleichnamige Hotel hinter uns und gehen auf dem Monte-Pana-Weg, der an der Brücke über den Saltriabach beginnt, ostwärts hinein, der Reihe nach an der Talstation des Florianliftes und an der Radauner Schwaige (Ausschank) vorbeiziehend. Gleich dahinter, auf der Anhöhe (Wegweiser), verlassen wir den Monte-Pana-Weg und steigen nach rechts zur sichtbaren **Saltner Schwaige** (Gastbetrieb) auf. Gleich oberhalb der rustikalen Gaststätte beginnt der Weiterweg entlang Mark.7A. Wir steigen in einer knappen Stunde südwärts über waldbegleitete Weiden wandernd zum Ausflugsziel, dem unter dem Südrand der Seiser Alm gelegenen **Berghaus Zallinger**. Dabei umrunden wir die liftbesetzte Bühelkuppe an ihrer Ostseite.

Ein äußerst idyllischer, von grandiosen Bergbildern begleiteter, verkehrsfreier Weg verbindet das Berghaus Zallinger mit den Hotels auf Monte Pana im Süden von St. Christina. Er beginnt im Wiesensattel östlich des Hauses, rechts des niederen, baumbestandenen Hügelrückens (Wegweiser) und mündet nach einer ¾ Std. in die für den allgemeinen Verkehr gesperrte Forststraße Seiser Alm – Monte Pana (insgesamt 1½–2 Std.; 7 km).

Von **Monte Pana** zu Fuß oder mit dem Sessellift nach St. Christina hinab.

Bergstation Umlaufbahn St. Ulrich – Seiser Alm

Saltria / Schwaige

Der Name Saltria leitet sich vom lat. saltuarius her, was soviel wie Wald- und Viehhüter bedeutet und darauf hinweist, dass auf dieser Alm schon zu Römerzeiten Almwirtschaft betrieben worden ist. Unter Schwaige, ein nur in Südtirol gebräuchliches Wort, versteht man eine Sennhütte, die heutzutage oft mit einem kleinen Gastbetrieb verbunden ist.

DOLOMITEN – GRÖDEN

30

Durch das Confinbachtal zur Langkofelhütte, 2253 m

Ein historischer Hüttenweg: gut markiert und dennoch abenteuerlich

Ausgangspunkt: St. Ulrich, 1236 m.
Gehzeit: 4 Std. bis zur Hütte.
Charakter: Für konditionsstarke Berggeher, die etwas Sinn für Abenteuer haben: Der Steig ist steil, steinig, etwas eingewachsen und öfter mit Windbruchholz verbaut.
Einkehr: Langkofelhütte.
Markierung: Gut ausgeschildert (18, 531, 525).
Karte: KOMPASS Nr. 59.

Ausgehend vom Hallenschwimmbad an der Grödner-Bach-Promenade in **St. Ulrich** wandern wir talein und nehmen an der Straßengabelung am Residenz Ciastel die Minertstraße auf. Wir verfolgen sie bis hinter dem Sabedinhof (30 Min.), wo an bez. Stelle rechts der asphaltierte Weg zur Seiser Alm abzweigt (Mark. 18). Nach 1½ Std. ab Zentrum erreicht man, gleich nach dem letzten Wohnhaus, am Fahrverbotsschild, einen kleinen PKW-Abstellplatz.

Fünf Gehminuten dahinter zweigt links der mit 531 markierte Steig zu den Plans de Cunfin (Confinböden) ab. Kurz absteigend erreicht man zunächst die steinere Brücke über die Confinbachklamm, 1500 m, die überschritten wird, um jenseits mehr oder weniger in gerader Linie steil aufwärts

Blick von den Confinböden ins Langkofelkar, etwa in der Bildmitte die Langkofelhütte.

DOLOMITEN – GRÖDEN

»Plan de Cunfin«

Der ladinische Name »Plan de Cunfin« leitet sich vom lateinischen »planum confinis« ab (dt. Grenzböden; Weide- und Gemeindegrenze zwischen Kastelruth und St. Christina. Einstmals stellte dieser historische Weg, auf dem vor dem Ersten Weltkrieg Hunderte von Alpinisten gewandert sind, die kürzeste Verbindung zwischen St. Ulrich und der 1894 von der damaligen Akadem.-Sektion Wien erbauten, heute im Besitz der CAI-Sektion Vicenza befindlichen Hütte dar.

zu steigen. Zwei breite Forststraßen werden im Abstand von 25 Min. gequert, ein Wasserreservoir wird passiert (Markierungen beachten!). Hat man nach 1 Std. ab Bach die Straße Monte Pana – Seiser Alm erreicht, so folgt man dieser nach rechts bis zum ersten Viehgatter (Mark.30). Dort zweigt links, an bez. Stelle ein unmarkierter Weg zur Langkofelhütte ab, der durch etwas unübersichtliches Gelände ziehend bald die **Confinböden** erreicht, an deren linken oberen Ende der eigentliche, von Monte Pana heraufkommende Weg vorbeiführt (Mark. 525).

Der Prachtblick von den Wiesen zu den Felskulissen der Langkofelgruppe sucht im gesamten Dolomitengebiet seinesgleichen! Von den Böden zur sichtbaren, im Kar gelegenen **Langkofelhütte** ist es dann noch eine gute Stunde Fußmarsch. **Rückweg:** Von der Hütte auf dem Anstiegsweg zu den Confinböden absteigend und stets der Mark.525 folgend in ungefähr 2 Std. nach Monte Pana.

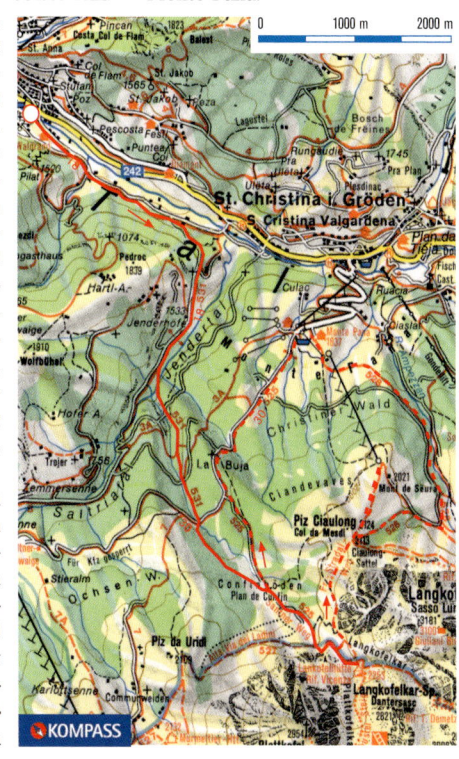

31

Auf dem Palotasteig zur Steviahütte, 2300 m

Die Steviaalm: eindrucksvoller Teil des Naturparks

Ausgangspunkt: Pension Daniel im Wolkensteiner Ortsteil Daunëi, 1680 m, gratis Parken oberhalb des TV-Umsetzers.
Höchster Punkt: La-Piza-Scharte, 2491 m
Gehzeit: 4½ Std.
Charakter: Wanderung auf steilem, sonnigem Terrain. Vor Einmündung in den allgemeinen Hüttensteig eine etwas ausgesetzte Querung.
Einkehr: Steviahütte, Regensburger Hütte.
Markierung: 17A.
Karte: KOMPASS Nr. 59.

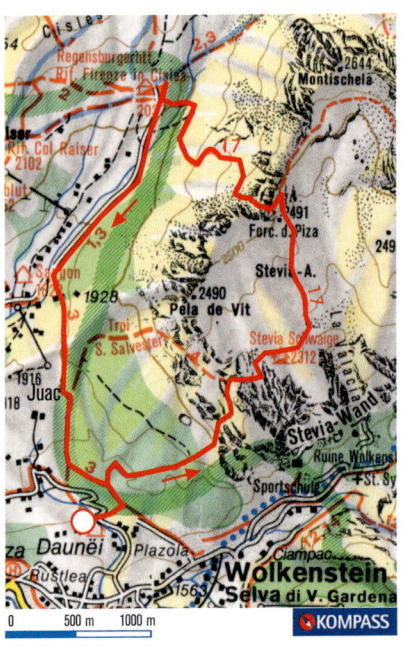

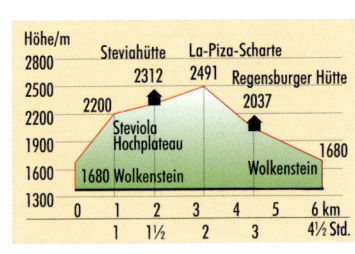

Vom Ortszentrum aus erreichen wir auf mehreren Wegen die Daunëistraße, am westlichen Ortsrand, die uns zum nicht übersehbaren TV-Masten 100 Schritte oberhalb der Pension Daniel bringt (Schilder »Regensburger Hütte« und »Stevia« beachten).

In der Straßenkehre am hohen Fernsehumsetzer (Wegweiser) nimmt rechts, östlich, der ungeteerte Zubringerweg zum **Palotasteig** (Steviahütte) seinen Anfang. Er mündet aber gleich in einen Querweg, den wir links in der ansteigenden Richtung verfolgen, bis nach 5 Min. am nächsten Wegweiser rechts der eigentliche Aufstiegssteig beginnt. Dieser führt durch lichten Wald und in vielen gut hergerichteten Kehren steil aufwärts, hinauf unter die gelbroten Felsen und weiter auf das kleine, nach drei Seiten hin mit senkrechten Wänden abbrechende Plateau der Steviola, das sich als der wohl beeindruckendste Aussichtserker des gesamten Grödner Tales erweist.

Der gut markierte Steig (Mark.17A) durchmisst im flachen Aufstieg dieses kleine alpine Himmelreich und quert auf seiner Ostseite einen ungesicherten Steilhang, der zu einer wilden Schlucht abstürzt. Gleich darauf, unter der St.-Sylvester-Scharte, mündet er in den eigentlichen Hüttensteig, Mark.17, ein, der uns in 15 Min. zur sichtbaren **Steviahütte** hinaufleitet. Ringsum erlebt man wildeste Hochgebirgsszenerie und im Gegensatz dazu Felsblumen von ungeahnter Zartheit!

Über die La-Piza-Scharte und das gleichnamige Kar zur Regensburger Hütte: Der Steig, Mark.17, beginnt über der Hütte und zieht sich nördlich über Weiden zur 2491 m hohen **La-Piza-Scharte** hinauf (½ Std.). Es folgt der Abstieg durch das Kar (Nr.17B), das 1998 durch die Anbringung von fixen Handseilen und Holztreppen gänzlich entschärft wurde.

Im Almgrund Einmündung in den Hüttenweg zur **Regensburger Hütte**, die wir während des gesamten Abstiegs im Blickfeld hatten (ab Scharte 1 Std.).

Von der Hütte auf Weg Nr. 1/3

Blick von der Steviola-Alm auf Wolkenstein.

hinab zur wiesen- und waldbedeckten Geländeschulter von **Juac**. Dort links, südöstlich, auf dem Steig Wolkenstein – Regensburger Hütte, Mark.3, in ca. 1 Std. nach **Wolkenstein** hinab.

Variante: Von der Steviahütte auf dem Anstiegsweg mit Mark.17 etwa 10 Min. zurück zur St.-Sylvester-Scharte und jenseits hinab nach Juac und dann weiter nach Wolkenstein (knapp 2 Std. von der Hütte).

DOLOMITEN – GRÖDEN

32

Von der Puflatschhochebene über den Schnürlsteig hinab

Aussichtsreiche Abstiegstour

Ausgangspunkt: Seiser Alm, Kompatsch, 1800 m; gebührenpflichtiger Parkplatz gegenüber der Bushaltestelle, gebührenfreier Parkplatz 200 m nördlich, unterhalb des Eurotels.
Höchster Punkt: Puflatschkuppe, 2176 m.
Gehzeit: 4½ Std.
Charakter: Im obersten Teil des Schnürlsteigs kurze felsdurchsetzte Passage (durch Seile entschärft); etwas Bergerfahrung dennoch erforderlich. Kindern und Senioren nur bedingt zu empfehlen.

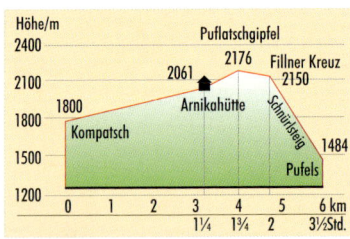

Einkehr: Almgasthof Arnika auf der Puflatschalm; Bergstation des Puflatschliftes.
Karte: KOMPASS Nr. 59.

Von der Bushaltestelle Kompatsch führt eine Asphaltstraße nordwärts am höherliegenden Eurotel vorbei zur Puflatschalpe hinauf. Wir begehen sie bis zum Wegweiser am Ende der scharfen Steigung (30 Min.). Dort links auf ungeteertem Almweg eben über die Wiesenhänge (Zufahrt zur AVS-Puflatschhütte ignorieren!). Nach etwa 50 m zweigt von diesem Traktorweg nach rechts ein dunkelerdiges Steiglein ab, das schräg zu einer Wiesenschulter ansteigt und auf der Höhe dann in den Güterweg zur Telfner Schwaige

(Sennhütte) einmündet. Wir begehen diesen Weg, kommen an einem schindelgedeckten Ferienhaus vorbei, verlassen ihn aber bald dahinter (Wegweiser »Arnikahütte«).

Rechts, nördlich, geht ein Steiglein weg, umrundet die in einer Wiesenmulde eingebettete Telfner Schwaige und strebt, leicht ansteigend, dem Westrand der Hochfläche zu. Wir erreichen die Abbrüche beim künstlerisch gestalteten Gedenkkreuz für einen hier verunglückten Spross der römischen Adelsfamilie der Colonna. Tiefblick auf Seis links und Kastelruth rechts. Vom Plateaurand weg zieht unser Steig gegen Norden zur in einer Mulde versteckten **Arnikahütte**, 2061 m (ab Kompatsch ca. 1¼ Std.).

Um die Runde zu vervollständigen, gehen wir hinter der Hütte nordwärts und erreichen zunächst den Hochflächenrand beim Goller Kreuz, 2104 m. Diesen aufwärts zu den »Hexenbänken« (ein thronartiges Gebilde aus fünfeckigen Basaltsäulen). Weiter ostwärts ansteigend erreichen wir bald den Scheitelpunkt der Puflatschalpe, 2176 m, und wenig später stehen wir dann am Bergkreuz am Nordosteck der Alm, wo uns eine prächtige Aussicht belohnt (ab Arnikahütte ½ Std.).

Der **»Schnürlsteig«** beginnt am Wegweiser nahe am Kreuz (Mark.24). Mit Hilfe der angebrachten Nylonseile kommen auch weniger geübte Bergwanderer über die felsigen Stellen hinweg. Tiefer unten taucht der Steig in den Hochwald ein, wechselt von der Nord- zur Ostflanke des Berges über und fällt in vielen Kehren in das 690 m tiefer liegende Dorf **Pufels** ab (1½ Std.). Vom Gasthaus Platz zur Kirche hinunter und dort den Abkürzungssteig benützend in den Pufler Graben hinab, wo man dann mit der alten Fahrstraße

Die »Hexenbänke« auf dem Puflatsch.

über Runggaditsch, westlicher Vorort von **St. Ulrich**, ins Zentrum wandert (1 Std.).

Variante: Ist man mit dem Auto auf die Alm gereist, wird man die hügelige Puflatschalm zunächst auf dem Steig mit Mark.PU in südwestlicher Richtung überqueren, wobei die Bergstation des Sesselliftes am Südrand der Hochalm als Orientierungspunkt dient (20 Min.). Von dort auf dem breiten Fahrweg (Abkürzungen) oder mit dem Sessellift nach **Kompatsch** zurück.

DOLOMITEN – GRÖDEN

33

Von Wolkenstein auf das Grödner Joch, 2137 m

Zu den ältesten Zeugnissen menschlicher Anwesenheit in Gröden

Ausgangspunkt: Wolkenstein, 1563 m, Hotel Alpino (Ortsteil Plan, am Talschluss).
Gehzeit: 1½–2 Std.
Charakter: Selten begangen, aber ohne objektiven Gefahren; die erste ½ Std. auf breitem aber steilem, dann sanfterem Weg.
Einkehr: Gasthäuser am Joch.
Markierung: Nr. 654.

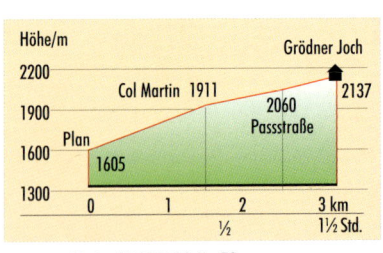

Karte: KOMPASS Nr. 59.

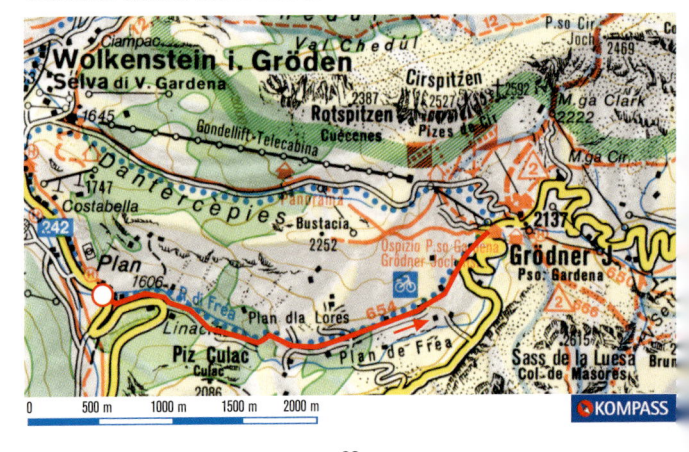

Von **Wolkenstein** auf dem Spazierweg »Alter Bahnweg«, der parallel, aber etwas erhöht zur Hauptstraße talein zieht, zum Hotel Alpino am Ende des Ortsteiles **Plan** (1 km; Bushaltestelle). Der Steig zum Grödner Joch beginnt zwischen diesem Hotel und der Pension Silvana (Hinweisschild; Mark.654). In Tuchfühlung mit dem Freabach läuft er aufwärts, berührt weiter oben eine Kehre der Passstraße und gabelt sich dort: Geradeaus auf breitem, aber scharf ansteigendem Weg aufwärts. Eine Schleife vollführend zieht der Weg, der hier kurzzeitig etwas undeutlicher wird (Mark. vorhanden), dann zum unteren Ende des Plan de Frea empor (**Col Martín**, 1911 m; ½ Std. ab Hotel Alpino).

Dem Wanderer gegenüber baut sich die Nordflanke der Sellagruppe auf. Sie wird durch tiefe Schluchten und steil aufragende Pfeiler der Murfreidtürme stark gegliedert. Im Westen thront der massige Langkofel. Wenn wir nun vom Col Martín wenige Minuten weiter wandern, erblicken wir einen Steinwurf rechts des Weges einen frei daliegenden überhängenden Felsklotz. Unter seiner vorspringenden Westfront errichteten Steinzeitjäger ihren sommerlichen Rast- und Wohnplatz. Wir wandern auf dem leicht ansteigenden Weg weiter. Hinter dem letzten Heustadel endet er und macht einem schmalen Steig Platz, der einzelne Kehren der Passstraße berührend zum **Grödner Joch** hinaufzieht.

Rückweg: Vom Pass auf einem gut hergerichteten Steig mit Ausgang an der Talstation des Sesselliftes zur Bergstation der Dantercëpies-Umlaufbahn (½ Std.). Von dort mit der Bahn nach Wolkenstein oder zu Fuß entlang der Skipiste. Dabei berührt man die auch im Sommer geöffnete Panorama-Hütte (Höhenunterschied 750 m; 1½ Std.).

Die »Sommerbehausung« der Steinzeitjäger.

Sas d'l Moro

Ein vorgeschichtlicher Saumweg, der schon von Steinzeitjägern bei ihren sommerlichen Streifzügen durch die Dolomiten aufgesucht worden ist. Auf dem Plan-de-Frea-Boden entdeckten Archäologen bei Grabungen 1977 unter einem überhängenden Felsblock, Sas d'l Moro genannt, die Reste eines Rast- und Unterschlupfplatzes (überdachte Wohngrube aus der mittleren Steinzeit; 8000–4500 v.Chr.).

Einzelne aus der Wohngrube zu Tage geförderte Feuersteingeräte sind im Heimatmuseum von St. Ulrich ausgestellt.

DOLOMITEN – GRÖDEN

▼
34

Auf den Col da la Piëres, 2751 m

Der Aussichtsbalkon hoch über der Cislesalm

Ausgangspunkt: Regensburger Hütte, 2037 m, oder Bergstation der Col-Raiser-Umlaufbahn, 2102 m; gebührenpflichtiger Parkplatz an der Talstation
Gehzeit: 2½ Std. zum Gipfel.
Charakter: Am Siëlesgrat sowie an einer etwas luftigen Traverse im Abstieg sind Seile gespannt. Für Erfahrene und Trittsichere ohne Probleme, Neulinge nur mit kundigem Begleiter.
Einkehr: Steviahütte.
Markierung: Bis zur Siëles-Scharte Nr. 2, danach Nr. 17.
Karte: KOMPASS Nr. 59.

Im Gegensatz zu den benachbarten Geislerspitzen, wie in den Boden eingerammte Riesenkeile und ausgesprochene Kletterberge, ist der Col da la Piëres unprofiliert und relativ zahm, er bietet aber dem Besucher eine wundervolle Rundsicht. Wer die Col-Raiser-Umlaufbahn benützt, erreicht die **Regensburger Hütte** in 20 Min., wenn er hinter der Bergstation den Steig mit Mark.4 aufnimmt. Der erste Teil des Anstieges: Regensburger Hütte – Siëles-Scharte siehe Tour 48 (Mark.2, 1½ Std.). Diese felsige Scharte verbindet die Puezhochfläche mit dem Stevia-Tafelberg. In der Scharte verlassen wir den Puezsteig, schwenken nach rechts, südlich (rot-weiß-rote Markierung) und turnen den verwitterten Gratköpfchen entlang aufwärts. Die geschichtete, zurückfliehende Gipfelabdachung wird auf felsigem Zick-Zacksteig überwunden. Oben – kurz westwärts – am Rand entlang zum unscheinbaren Gipfel des **Col da la Piëres**.

Abstieg: Vom Gipfel folgen wir der Markierung mit der Nr.17 und den lose aufgetürmten Steinhaufen (Orientierungshilfe bei Nebel und Schnee) und steigen zunächst südwärts über die steinübersäte, flache Stirn des Berges ab. (Ein Abstecher zum neu errichteten Bergkreuz links der Abstiegsroute lohnt sich.) Im weiteren Verlauf läuft der Steig über die trümmerübersäte Südwestabdachung des Berges. Er vollführt einen weiten Bogen um den obersten Kessel der Steviaalm, um auf die Schafweiden hinab zu kommen.

Dabei gilt es im unteren Teil eine kleine Mutprobe zu bestehen: Ein seilgesicherter 30-Meter-Quergang über abschüssiges Felsgelände stellt sich uns in den Weg. In einem Bogen über Sand- und Rasenhänge kommen wir schließlich nach etwa 1 Std. zur **La-Piza-Scharte**, die sich nach Westen zum gleichnamigen Kar öffnet.

Sie ist durch eine frei aufragende Felssäule und einen Wegweiser gekennzeichnet.

Weiterwege:
a) Mit Steig, Mark.17B, durch die mit Holztreppen und fixen Sicherungsseilen versehene und daher von jedermann problemlos begehbare Felsschlucht hinab zur **Regensburger Hütte** (1 Std.).
b) Auf der Hochalm verbleibend mit Steig Mark.17, südwärts über die Schafweiden abfallend in ¼ Std. zur **Steviahütte**, 2312 m, und von dort auf dem Hütten-

In der Furces-de-Siëles-Scharte.

steig, Mark.17, über die St.-Sylvester-Scharte und dann den Wiesenrücken von Juac (sprich Schuatsch) entweder nach Wolkenstein bzw. St. Christina (jeweils 2 Std.). Der Expresssteig nach Wolkenstein, der 10 Min. unter der Steviahütte von Nr. 17 links abzweigt, kann von jedermann, der die La-Piza-Tour ausgeführt hat, begangen werden (Abstiegszeit 1½ Std.; Nr.17A).

DOLOMITEN – GRÖDEN

▼ 35

Große Cirspitze, 2592 m

Ideale Einsteiger-Tour

Ausgangspunkt: a) Bergstation der Umlaufbahn Wolkenstein–Dantercëpies, 2300 m; b) Grödner Joch, 2121 m; Parken am Pass.
Gehzeit: Von Dantercëpies 1¼ Std.; vom Grödner Joch 1¾ Std.; Abstieg 1 Std.
Charakter: Für trittsichere und schwindelfreie Berggeher; griffreicher Fels, an exponierten Stellen mit fixen Drahtseilen versehen.
Markierung: Rote Punkte. 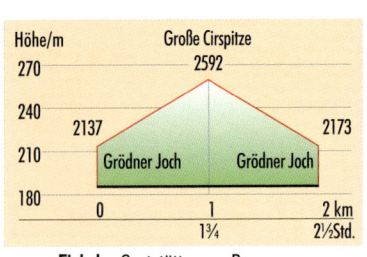
Einkehr: Gaststätten am Pass.
Karte: KOMPASS Nr. 59.

Im Norden des Grödner Joches baut sich die stark verwitterte Gruppe der Cirspitzen auf. Diese lang gezogene, aber niedere Kette wird beherrscht von dem etwas massiveren und kompakteren Felsaufbau der Großen Cirspitze, auf deren Gipfel man mit freiem Auge das Gipfelkreuz erkennen kann. Gegen Norden stürzt sie ins Chedultal ab.
Wegverlauf: a) Ausgangspunkt **Bergstation** der Dantercëpies-Umlaufbahn, 2300 m: Hinter der Bergstation des Grödner-Joch-Sesselliftes beginnt ein Steiglein, das eine Wiesenschulter umrundet und sich alsbald gabelt (Eintritt in den Naturpark). Der linke ansteigende Zweig wird aufgenommen. Wir durchqueren ein Trümmerfeld und folgen dem mit roten Punkten versehenen Steig. Die Einstiegsschlucht wird durch ein in den Felsen eingelassenes, weißes Marmorkreuz markiert (20 Min.).

b) Vom **Pass** aus: Wir benützen wenige Minuten lang den Wirtschaftsweg, der vom Hotel Cir (in etwas erhöhter Lage) zur Dantercëpies-Bergstation hinaufführt. An einem Felsblock am rechten Straßenrand (Wegtafel, Mark.2) zweigt der Puezsteig ab.
Wir nehmen ihn auf, verlassen ihn aber kurz darauf, links, an der ersten Steiggabelung (Wegweiser). Es geht zunächst über Rasen, hernach über einen Schuttke-

gel aufwärts in Richtung Einstiegsschlucht.
Als Orientierung dient das weiße, in den Bergsockel eingelassene Marmorkreuz (2002 beschädigt, Querbalken fehlt). Hier treffen wir auf den Steig von der Dantercëpies-Bergstation. Wir steigen in Kehren auf, über den Schutt der linken Schluchtseite und erreichen oben rechts den Beginn eines breiten, versicherten Felsbandes, das zu einer Schulter hinaufführt.
Von dort quert der mit roten Punkten markierte Steig unter einer Reihe von Felsköpfen nach links und erreicht die griffreiche Abdachung des Berges, die er in mehreren Windungen bewältigt. Über den Westgrat auf den Gipfel der **Großen Cirspitze**.

Gipfelschau
Glanzpunkte im Gipfelpanorama sind die uns gegenüberliegende, festungsähnliche Sellagruppe, der frei aufragende Langkofel im Südwesten und die ihm buchstäblich zu Füßen liegende Seiser Alm.
Am östlichen Horizont türmen sich die berühmten Gipfel der Ampezzaner- und Cadoriner Dolomiten auf: Tofana, Sorapis, Antelao, Pelmo und, von den Sellawänden schon etwas verdeckt, die Civetta. Im Norden erheben sich hinter der lang gezogenen, rötlichen Felsmauer des Mont de Sëura im Mittelgrund die unprofilierten, eintönigen Gipfel der Puezgruppe, während im Nordwesten die filigranen Türme der Geislergruppe aufragen.
Der **Abstieg** erfolgt auf dem Anstiegsweg.

Über die flache Gipfelabdachung verläuft der relativ unschwierige Aufstieg auf die Große Cirspitze.

DOLOMITEN – GRÖDEN

36

Von Monte Pana nach Saltria, 1700 m, auf der Seiser Alm

Stille aber zauberhafte Waldweg-Wanderung

Ausgangspunkt: St. Christina, 1428 m; Monte Pana, Geländeterrasse im Süden des Ortes, 1637 m; Gratisparkplatz an der Lift-Talstation.
Gehzeit: Bis Saltria 1½–2 Std.
Charakter: Familienfreundliche Waldwege.
Einkehr: Gasthöfe in Saltria.
Markierung: 30A, 18.

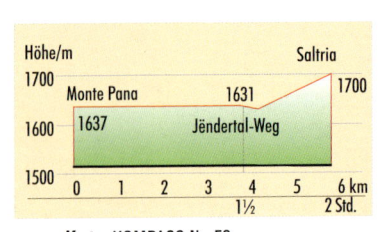

Karte: KOMPASS Nr. 59.

Von **St. Christina** erreichen wir **Monte Pana**, die von zwei Hotels besetzte, wiesenreiche Terrasse unter dem Felsdom des Langkofels, auf dem Fahrweg (ein Fußsteig bei der ersten Kehre meidet den Asphalt; Wegtafel) oder mit dem Sessellift (Talstation am Bach hinter dem Hotel Post). Gleich hinter der Bergstation dieses Liftes benützen wir den Anfahrtsweg zum Hotel Cendevaves, ziehen am Haus Damont vorbei und laufen weiter am Rand des langen, flachen Skihanges aufwärts. Hinter dem Endpfeiler des Schleppliftes,

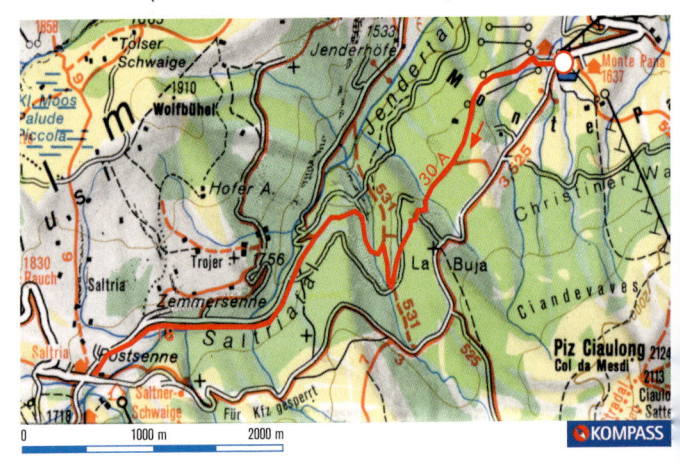

DOLOMITEN – GRÖDEN

an der Absperrung (Wegtafel »Saltria«), geht es links, südlich, ab, und unmittelbar danach stoßen wir auf einen Steig, der durch aufgelockerten Wald und feuchte Wiesen zum Rand der Lichtung »I Palusc« (die Möser) hinaufführt.

Dabei achten wir stets auf die rot-weiß-roten Pflöcke. Der Steig geht über in einen breiten, zunächst ebenen Forstweg, dem wir nun ca. 1 Std. lang, bis zur Einmündung in den Jëndertal-Wirtschaftsweg folgen. An der Einmündung links abwärts, dann ca. 20 Min. ansteigend bis Saltria am tiefsten Punkt der Seiser Alm (1700 m). Vor dem Hotel Saltria Busstation. (Die Seiser Alm wird auch oft in ladinischer Schreibweise erwähnt: Mont de Sëuc). Ab Monte Pana Mark. 30A. **Rückwege und Anschlüsse ab Saltria:** a) Mit dem Linienbus über Kastelruth nach Gröden zurück; b) Durch das nun bekannte Jëndertal nach St. Ulrich (8 km, Mark.18, 2 Std.) bzw. nach St. Christina (Abzweigung vom Hauptweg am Talausgang; rechts hinunter nach Soplases, einem Vorort von St. Christina, 1½ Std.); c) Hinter dem Hotel Saltria mit Steig Nr. 9 über einen flach ansteigenden Wiesenrücken und ein Tälchen zum Sporthotel Sonne.

Von dort zu Fuß oder mit dem Sessellift zur Bergstation der Umlaufbahn nach St. Ulrich (1¼ Std.); d) Zu Fuß über Gaststätte Saltner Schwaige (links des Florian-Sessselliftes), Mark. 7A, oder mit dem

Die Wiesen von Monte Pana mit dem Col Raiser im Mittelgrund und den Geislerspitzen.

Lift zum Berghaus Zallinger, 2054 m; 1¼ Std. Rückweg von dort nach Monte Pana auf dem landschaftlich wunderschönen Weg mit Mark.7, der über den Ochsenwald zur verkehrslosen Straße Seiser Alm – Monte Pana abfällt (2 Std.; siehe Tour 24 in der umgekehrten Richtung).

DOLOMITEN – GRÖDEN

37

Über die Langkofelscharte, 2681 m, zur Langkofelhütte

In einer ernsten Hochgebirgslandschaft unterwegs

Ausgangspunkt: Sellajochhaus, 2180 m; öffentlicher Busverkehr.
Gehzeit: 5 Std. (ohne Liftbenützung).
Charakter: Alpine Tour; Schutt, Geröll, Blockwerk und stellenweise felsiger Boden, oft Altschneereste; zwischen dem Sellajochhaus und der Langkofelscharte Gondelverkehr!
Einkehr: Toni-Demetz-Hütte, Langkofelhütte.

Karte: KOMPASS Nr. 59.

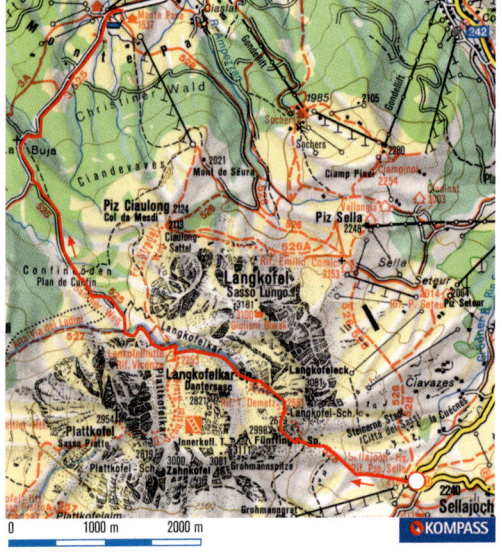

Von der Talstation des Gondelliftes (**Sellajoch**) wandern wir, die majestätische Langkofelgruppe im Blickfeld, auf einem Fahrweg zu einer flachen Mulde hinauf. Von dort auf Steig 525 (den Lift zur Rechten) zunächst mäßig steil, dann in Serpentinen über eine mit mächtigen Trümmern bedeckte Rasenschulter (»Steinerne Stadt«) aufwärts. Der Serpentinen-Aufstieg über die zwischen der Fünffingerspitze (links) und den Wänden des Langkofelecks (rechts) eingeklemmte Schutthalde zur **Toni-Demetz-Hütte**, in der Langkofelscharte neben der Bergstation des Gondelliftes gelegen, ist zwar etwas schweißtreibend, aber doch weniger kräftezehrend als vermutet (1½ Std.).

Der Abstieg hinab zum wandumringten Karboden und weiter zur **Langkofelhütte** läuft über blockbedeckten, z.T. unangenehm felsigen Untergrund (1 Std.).

Abstieg von der Langkofelhütte nach Monte Pana: Auf breitem Weg in wenigen Minuten zur ersten Wegteilung mit Wegweiser hinab (Mark.526 trennt sich von 525). Dort links, weiter Mark.525, über den steilen, steinigen Weg hinab und dann am Karausgang, bei der nächsten Wegteilung, rechts über den grobschotterigen Weg hinab zu den schönen, lang gezogenen Weideböden des Plan de Cunfin (Confinböden), 1850 m.

Alternativsteig: Wem dieser in die Waden gehende Schotterweg nicht behagt, zweige gleich in der zweiten Kehre unterhalb der ersten Steigteilung (Hinweisschild »Monte Pana/St. Christina«) von Weg 525 rechts ab. Über abfallende Rasenhänge hinab, eine für ängstliche Naturen etwas unangenehme Schuttrinne querend und schließlich durch einen schütteren Hochwaldstreifen zu den Confinböden hinab.

Von dort auf breitem, gut beschildertem Weg die lichtungsreichen Confinböden entlang nordwestlich weiter. Nach 1,5 km Einmündung in die Forststraße Monte Pana – Seiser Alm. Von dort, wir gehen rechts, weiter zu der oberhalb von St. Christina gelegenen Hotelsiedlung (noch et-

Zentraler Teil der Langkofelgruppe mit Langkofelscharte.
In der Bildmitte, am Fuße der Langkofelkarspitze, liegt die Langkofelhütte im Schatten.
Am unteren Bildrand der Confinboden.

wa 2,5 km; ab Hütte ca. 1½ Std.).
Monte Pana ist mit **St. Christina** durch eine Fahrstraße, einen Fußweg und durch einen Sessellift verbunden (Ausgang des Fußweges von der Asphaltstraße, gleich links unter der Liftstation, Schild, 20 Min.).

DOLOMITEN – GRÖDEN

38
Sëura-Sas-Alm, 2149 m
Ein Stück vergessenes (Berg-)Paradies

Ausgangspunkt: St. Christina, Ortsteil Plesdinaz, 1600 m; Parken am Ende der Ortsstraße, oberhalb der Höfesiedlung Rungaudie.
Gehzeit: 1¼ Std.
Charakter: Kurz, gefahrlos, aber steil.
Einkehr: Keine.
Markierung: Rot-weiß-rot, Nr.20.

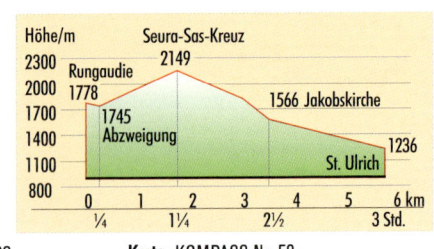

Karte: KOMPASS Nr. 59.

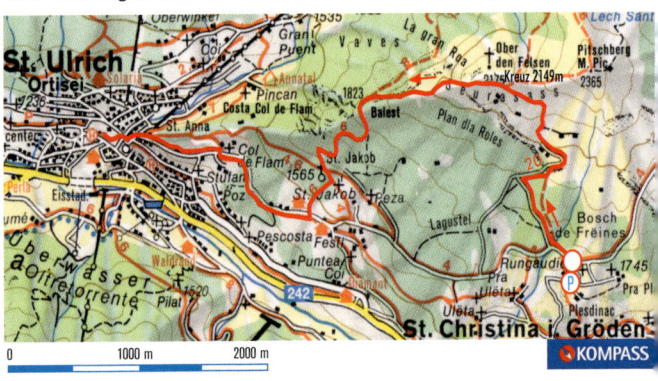

Die verlassene Felskanzel auf der Sëura-Sas-Hochalm liegt im geografischen Mittelpunkt der besiedelten Talhälfte von Gröden, hoch über den Ortschaften St. Christina und St. Ulrich. Sie gilt als der »Aussichtserker von Gröden«. Mit einem Augenaufschlag überfliegt der Wanderer von hier aus das Tal und die es umgebende Zauberwelt der Almen und Berge. Luis Trenker hat eine Sequenz zu seinem Lieblingsfilm »Der verlorene Sohn« (1934) auf dieser kreuzgeschmückten Felskanzel gedreht. Das Original des berühmten, von Trenker damals gefilmten Bergkreuzes von Sëura Sas – das Foto befindet sich in unzähligen Andachtsbüchern – hängt im Heimatmuseum in St. Ulrich. Es wurde vom heimischen Bildhauerduo Peristi–Walpoth aus einem aus dem Felsen herauswachsenden, gekrümmten Arvenstamm an Ort und Stelle geschaffen, wobei die beiden Künstler sich gegenseitig Modell standen (Sëura Sas, lad. = über dem Felsen).

Vom Hotel Dosses an der Hauptstraße in **St. Christina** aus begehen wir zunächst die bachnahe Cisles- und dann, links haltend, die Plesdinazstraße. Nach ca. 20 Min. rechts, die Abzweigung zu den hoch gelegenen **Runcaudiéhöfen** (Wegtafeln: Haus Rojula, La Vara, Waldruhe). An den Höfen erster Ausgangspunkt des Aufstiegs (Hinweisschild Sëura Sas, Pic).

Ein zweiter möglicher Ausgangspunkt ist der kleine Parkplatz 100 Schritte nach den Höfen am Ende der Fahrstraße.

Dort dem Hinweisschild nach, nordwestlich ansteigend, zum nahen Almweg (St. Jakob – Aschgler Alm), der einige Minuten in der absteigenden Richtung verfolgt wird, bis zur nahen, rinnsaldurchronnenen Waldmulde. Am Brunnentrog, rechts, Abzweigung des Sëura-Sas-Steiges (1745 m, Tafel). Der breite, aber steile, mit rot-weiß-rot (Mark. Nr.20) gekennzeichnete Weg windet sich durch den lichten Föhrenwald, umrundet in einer nach Osten ausgreifenden weiten Kehre die niedere Felsenmauer, mit der die Alm gegen Süden abstürzt, und erreicht zunächst die von einzelnen Arvengruppen bestückten, steilen Picberghänge und wenig später die Almhütten auf dem Plateau. Die besuchenswerte Felskanzel mit dem lebensgroßen **Christuskreuz** liegt nur 5 Min. westlich (1–1¼ Std. ab Parkplatz).

Herbst auf der Sëura-Sas-Alm. Blick zur Langkofelgruppe.

Vom Bergkreuz fällt der mit 6 markierte Steig westlich über die felsige Geländestufe zum Plan-dla-Roles-Boden ab, folgt daraufhin dem bewaldeten Picberggrat und erreicht zuerst den Gratabsatz von Balést, 1823 m, und tiefer unten die **St. Jakobskirche**, 1565 m. Westlich eben weiter über Col de Flam nach **St. Ulrich**.

DOLOMITEN – GRÖDEN

39

Vom Grödner Joch, 2137 m, auf den Sas da Ciampac, 2667 m

Auf den Spuren der Dinosaurier

Ausgangspunkt: Grödner Joch, 2137 m.
Gehzeit: 3½ Std.
Charakter: Im Frühsommer sollte man sich über die Restschneehöhe erkundigen. Die Querung einer mit Felsköpfchen versehenen Sandrinne gleich hinter dem Crespëinajoch verlangt etwas Trittsicherheit und Schwindelfreiheit.
Einkehr: Edelweißhütte.

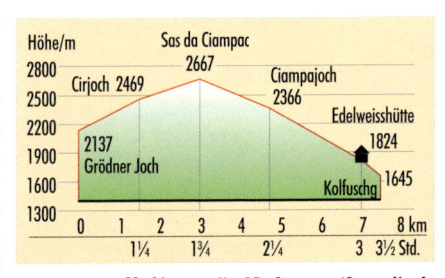

Markierung: Nr. 2D, 2, rot-weiß-rot, Nr. 4.
Karte: KOMPASS Nr. 59.

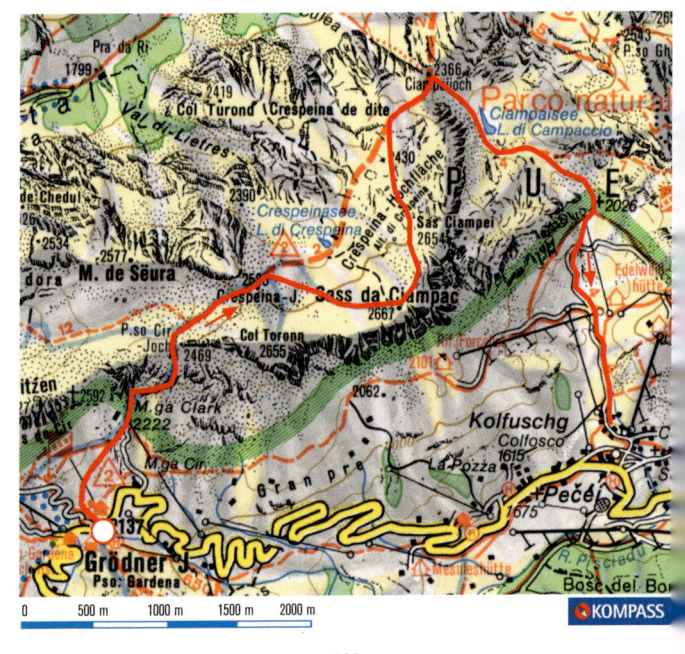

DOLOMITEN-GRODNER TAL

*Auf dem Gipfel des Sas da Ciampac.
Im blauen Gegenlicht liegt die Sellagruppe mit dem Mittagstal (Val Mesdì).*

Das Landschaftsbild auf der Puez- und Gherdenacia-Hochfläche ist geprägt von spärlich bewachsenen Schutthalden, grauen Trümmerzonen, fahlen Karstflächen und Gipfeln, die sich ausnehmen wie unbegrabene Leichname. Es passt so gar nicht in das vorgefertigte Bild des Wanderers, der hier die heitere Farbenvielfalt der Dolomitenlandschaft sucht. Nur das smaragdene, vom Winde leicht gekräuselte Seeauge von Crespëina und die zarten Köpfchen der Bergblumen erheitern diese Mondlandschaft. Einen krassen Gegensatz dazu bilden die Tiefblicke vom Gipfel auf die grünen Almen und Täler.

Wegverlauf: a) Von der **Bergstation** der Umlaufbahn Wolkenstein – Dantercëpies: Auf dem Güterweg 200 Schritte abwärts bis zur ersten Haarnadelkehre. Dort beginnt an markierter Stelle der Zubringersteig zum Hauptsteig

DOLOMITEN-GRODNER TAL

Am Ciampëijoch. Es verbindet das Langental (Gröden) mit dem Gadertal (Alta Badia) und wird vom Puezsteig berührt. Die sichtbare Abdachung gipfelt im Sas Ciampei (links) und dem Sas da Ciampac (rechts).

(»Puez/Clarkhütte«; 15 Min., Mark. 2D).

b) Von der Passstraße aus: Von dem in etwas erhöhter Lage liegenden Hotel Cir zieht eine ungeteerte Straße zur Bergstation der Dantercëpiesbahn hinauf. Wir benützen sie ein paar Kehren bis zu einem begrünten Felsblock, wo rechts der Puezsteig, Mark.2, ausgeht, der nordöstlich zur geschlossenen Clarkhütte hinaufleitet.

Der weitere Aufstieg über das **Cirjoch**, 2469 m, zum dahinterliegenden kreuzgeschmückten Crespëinajoch (2528 m; 1½–2 Std.) kann auf Grund der guten Markierung (Mark.2 und 2 im roten Dreieck) kaum verfehlt werden. **Vom Crespëinajoch auf den Sas da Ciampac:** Anstatt nun von diesem Joch mit dem Puezsteig zum Seeauge abzusteigen, folgen wir den roten, nummernlosen Farbzeichen, die gleich rechts, südöstlich, um eine Wiesenschulter herum zur erwähnten, etwas unangenehmen Steigstelle führen. Den buckeligen, stark verwitterten **Sas da Ciampac** ständig im Blickfeld, umrundet der Steig im Anschluss in einem weiten Bogen die zum Seeauge hin abgleitenden trümmerbedeckten Hänge und erreicht über einen Absatz den Gipfel (½–¾ Std.).

Abstieg: Vom Gipfel mit dem schönen Tiefblick auf den Talkessel von Corvara bzw. zur Sellagruppe (Süden) und zum Sassongher (Osten) steigen wir östlich über die niedere Felsstufe hinab zum blockbedeckten Absatz, wo wir die nummernlose Markierung aufnehmen, die die Abdachung entlang nördlich, dann nordwestlich zu einer charakteristischen, farbigen Scharte abfällt (rote Wand aus Ammonitenkalk, vor 150 Millionen Jahren im Tiefseemeer aufgetürmt).

Über Schotter und plattendurchsetzte Hochweiden auf Steigspuren weiter absteigend, kommen wir schließlich auf die spärlich begrünte Crespëinaalm hinab, wo ein paar hundert Meter vor dem **Ciampëijoch** (auch Ciampacjöchl genannt) der Bogen endet und wir wieder in den Puezsteig, Nr. 2, einmünden. Wir verfolgen ihn nördlich bis zum erwähnten schmalen Jöchl, verlassen ihn dort und nehmen rechts, südöstlich, den nach Kolfuschg hinabführenden Steig 4 auf, der durch das Edelweißtal zur gleichnamigen **Hütte** (Berggasthaus, 1824 m) abfällt; 1¼ Std. Sie liegt im Zentrum eines viel besuchten Skikarussels. Zur Bushaltestelle im Ortskern von **Kolfuschg** sind es noch 25 Min. Rückkehr nach Gröden über das Grödner Joch. Kurzfahrpläne sind bei den Tourismusämtern oder im Bus erhältlich.

> Bei dieser Wanderung bekommen wir die jüngsten geologischen Schichten der Dolomitenregion zu Gesicht. Während die eigentlichen Dolomiten in der Triasperiode (vor 250–210 Mio. Jahren) im Meere durch marine Lebensgemeinschaften von wirbellosen Tieren wie Korallen, Algen, Kalkschwämme, Foraminiferen und Urtierchen als Südseeriffe gebildet wurden (Schlerndolomit) bzw. durch Sand-, Ton- und Mergelablagerungen in einem Flachmeer schichtenweise aufgestapelt wurden (Hauptdolomit), gehören die geologischen Schichten der trostlosen Puezhochfläche der Jura- und Kreidezeit an (roter Ammonit, Puezmergel; 120–130 Mio. Jahre). In den Puezmergeln wurden versteinerte Ammoniten mit aufgelöster Spiralform gefunden. Weil das Alter dieser Ammoniten mit dem Verschwinden der Dinosaurier zusammenfällt, nehmen Wissenschaftler an, dass dies durch eine abrupte Verschlechterung der Lebensbedingungen verursacht wurde, vermutlich infolge eines Meteoriteneinschlags (vor 60–70 Mio. Jahren). Aus Puezmergel besteht der Col da la Soné, die charakteristische, frei aufragende vulkanartige Anhöhe.

DOLOMITEN – GRÖDEN

40

Über die Panascharte, 2477 m, zur Brogleshütte, 2045 m

Im Banne der Geislerspitzen

Ausgangspunkt: St. Christina, Bergstation der Col-Raiser-Bahn, 2102 m; ein gebührenpflichtiger Parkplatz an der Talstation.
Gehzeit: 2¾ Std. bis zur Hütte.
Charakter: Bergerfahrung und Ausdauer sind gefragt; steiles Kar auf der Nordseite der Panascharte mit felsigem Ausgang (Drahtseile, Klammern, Holztreppen).
Einkehr: Troier Schwaige, Brogleshütte.

Markierung: Rot-weiß-rot, Nr. 1, Nr. 6.
Karte: KOMPASS Nr. 59.

Von der **Col-Raiser-Bergstation** aus nehmen wir zunächst den breiten Weg auf, der nordwestlich zur Fermedahütte führt. Wir verlassen ihn aber schon nach 10 Minuten, um bei einem Ferienhäuschen, an bez. Stelle, den Weg zur Troier Alm einzuschlagen, der dort rechts, nördlich, abzweigt. Im Verlauf des Aufstiegs kommen

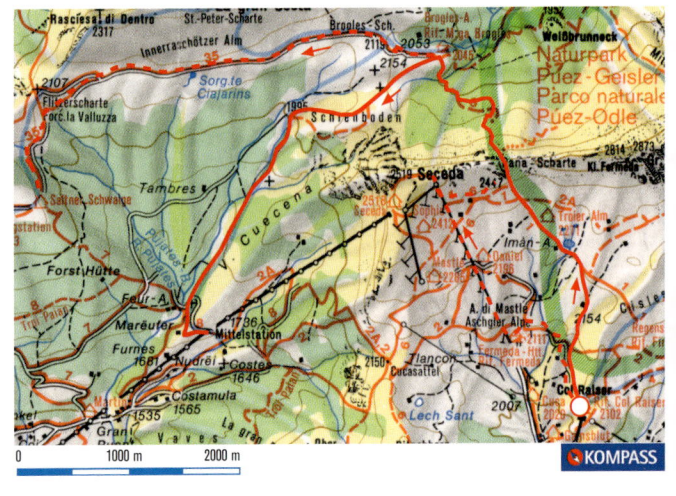

112

wir zu einer wichtigen Kreuzung mit Wegweiser. Dem Schild (Panascharte, Seceda; Mark.1) folgend nordwestlich am nahen Imanteich vorbei zur urigen Jausenstation am Fuß der steilwandigen Ausläufer der Geislergruppe, deren westlichster Turm von der Kleinen Fermeda gebildet wird (1¼ Std.).

Der Anstieg von der **Troier Alm** über steile Almwiesen zur hoch gelegenen Panascharte (Nordwesten) ist zunächst identisch mit jenem zur Bergstation der Seceda-Seilbahn (Mark.1). Von den höchsten Heuhütten der Aschgler Alm geht an bez. Stelle vom Secedaweg rechts ein gepflegter Serpentinensteig aus, der zum frei stehenden Wegweiser in der darüberliegenden Scharte aufsteigt (Mark.1; ½ Std.).

Der Steig durch das Kar ist mit Nummer 6 markiert und endet mit besagtem felsigen Ausgang (keine Steine lostreten!). Darunter windet sich der Steig über die ausgedehnte Schutthalde hinab, dreht nach links, quert eine arvenbestandene Mulde und erreicht schließlich die schon von der Höhe aus sichtbare **Brogleshütte** (1 Std.; Ende Nr. 6).

Anstiegsvariante zur Panascharte: Von der Col-Raiser-Bergstation auf breitem Weg zur westlich liegenden Fermedahütte, 25 Min. Kurz davor zweigt links ein Fahrweg zur tiefer liegenden Talstation des Sesselliftes auf die Seceda ab (verkehrt nur im August!).

An der Bergstation um diese hinten herum und Abstieg, den Grat entlang, zu Steig Nr.6, der eben nach Osten zur nahen Panascharte hinüberführt.

Abstiege von der Brogleshütte:
a) auf dem Normalweg über Broglessattel und Innerraschötzalpe zum Sessellift nach St. Ulrich (Mark.35; 1¼ Std.);
b) zu Fuß nach St. Ulrich: Wie unter a) in 10 Min. zum westlich ge-

Die Panascharte (links oben) von Süden gesehen.

legenen, zahmen Broglessattel. Dort mit dem mustergültig präparierten Steig Nr. 5 über Hochweiden und aufgelockerten Arvenwald zum Wiesenboden am Cuëcenesbach und an bez. Stelle (Wegweiser) links zur nahen **Mittelstation der Seceda-Bahn**. Oder: Weiterhin auf Weg 3 vom Wegweiser in 1¼ Std. über den erhöhten Ortsteil Oberwinkel ins Ortszentrum von **St. Ulrich** hinab.

Plattkofel, 2954 m

Besteigung eines ehemals unterseeischen Schuttkegels

Ausgangspunkt: Für Tagesausflügler das Sellajoch; Busverkehr. Bei Übernachtung: die Plattkofelhütte am Fassajoch, das Berghaus Zallinger oder das Sellajochhaus.
Gehzeiten: Vom Sellajoch bis zur Abzweigung 1½ Std.; von der Abzweigung bis zum Gipfel: 1½–2 Std.; Abstieg vom Gipfel zur Plattkofelhütte: 1–1½ Std.
Charakter: Der Aufstieg über die eintönige Geröll- und Felswüste ist für trittsichere Berggeher problemlos.

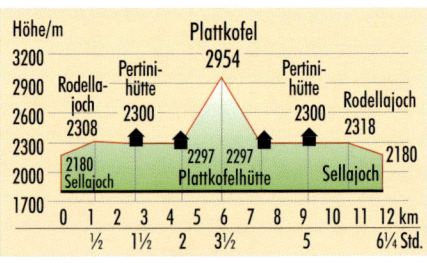

Einkehr: Plattkofelhütte.
Markierung: Im oberen Teil meist verblasste rot-weiß-rote Markierungszeichen.
Karte: KOMPASS Nr. 59.

Vom geologischen Standpunkt aus ist er einer der interessantesten Berge im Dolomitengebiet, handelt es sich doch bei seiner riesigen Abdachung um die Oberfläche eines von der Erosion frei gelegten unterseeischen Schuttkegels, dessen Fuß von dunklen vulkanischen Tuffen umgeben ist (Vulkanismus in der mittleren Triaszeit: vor ca. 236–231 Millionen Jahren).
Der gesamte Anmarschweg auf der Südseite der Langkofelgruppe vom **Sellajoch** zum eigentlichen Ausgangspunkt der Besteigung (**Plattkofelhütte**), läuft über den bekannten **Friedrich-August-Weg**, Mark. 4/594 (siehe Tour 20). Es gibt jedoch einen **Abkürzungssteig für Geübte**, der heute

DOLOMITEN – GRÖDEN

Gut zu erkennen der Anstiegssteig, der sich zwischen den beiden Rinnen emporwindet.

allgemein benützt wird (Zeitersparnis ¾ Std.): 10 Min. vor Erreichen der Plattkofelhütte, ca. 200 Schritte bevor man die Stallungen der gleichnamigen Alm (in der Mulde links unter dem Steig) unter sich hat, zweigt rechts an unbeschilderter Stelle ein deutliches, nun rot-weiß markiertes Steiglein ab, das im Aufstieg die steinigen Schafweiden quert und über eine Felsstufe den darüberliegenden Rasenkessel erreicht, wo es sich verliert. Geradeaus weiter auf den Muldenrand hinauf. Oben treffen wir auf den spärlich markierten nummernlosen Steig, der zur Abdachung führt.

Der weitere Anstieg, der bis zum Gipfelgrat einsehbar ist, ergibt sich von selbst, wenn wir den von absteigenden Bergsteigern streckenweise verwischten Serpentinensteig stets im Auge behalten. Er windet sich im unteren Teil zwischen zwei ausgeprägten Felsrinnen empor, quert auf halber Höhe die rechte Rinne, um dann schräg zum Gipfelgrat hochzuleiten. Noch bevor er diesen erreicht, steigen wir links, nordwestlich, auf Steigspuren, über das felsige, schwach geneigte Schlussstück zum kreuzgekrönten Mittelgipfel des Plattkofel. Kurz darunter mündet aus dem düsteren Plattkofelkar, der viel begangene Oskar-Schuster-Steig ein.

Gipfelpanorama: Gegen Osten stürzen die Plattkofelwände senkrecht ins Langkofelkar ab, und wer sich weit genug an den Rand wagt, kann in den Kamin der 700 Meter tiefer liegenden Langkofelhütte hineinsehen. Im Südosten hinter einem Felseinschnitt der Marmoladagletscher, im Süden das Fassatal und die Palagruppe, im Südwesten die Rosengartengruppe, im Westen die Seiser Alm mit Schlern, darüber Ortler und Königsspitze. Von Nordwesten bis Norden erstrecken sich die Ötztaler, Stubaier und Zillertaler Berge. Im Nordosten die Venedigergruppe und die Hohen Tauern.

Rückwege: a) Auf dem Anmarschweg zum **Sellajoch** zurück. b) Über die Abdachung zur Plattkofelhütte hinab und weiter über Zallinger – Monte Pana nach St.Christina (siehe Seite 119).

DOLOMITEN – GRÖDEN

42

Die große Seiser-Alm-Runde

Umrundung eines Dolomiten-Kleinods

Ausgangspunkt: St. Ulrich, 1236 m, Bergstation der Umlaufbahn zur Seiser Alm, 2006 m; Parkhaus an der Talstation.
Höchster Punkt: Gasthaus Dialer, 2143 m.
Gehzeit: Rund 6 Std.
Charakter: Leichte Almwege; die Höhenschwankungen halten sich in Grenzen; nur wer die Tour an einem Tag machen will, sollte gut zu Fuß sein.
Einkehr: Bergstation, Hotel Icaro, die Gasthäuser Ritsch, Goldknopf, Mahlknecht/Molignon, Dialer und Zallinger.
Markierung: Anfangs »S«, dann ein langer Abschnitt mit Nr. 7, dann 30.
Karte: KOMPASS Nr. 59.

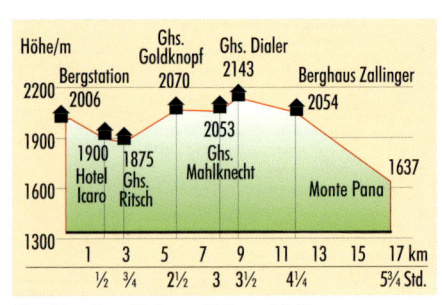

Blick vom Nordrand der Seiser Alm gegen die Roßzähne im Mittelgrund und den Felszug des Molignon im Hintergrund. Im Zentrum blinkt das Berghaus Dialer, am rechten Bildrand im Sonnenfleck der Berggasthof Goldknopf

DOLOMITEN – GRÖDEN

In einem weit gespannten Bogen, in dessen Mittelpunkt die Niederung von Saltria liegt, wird die Seiser Alm umwandert. Alle landschaftlichen Schönheiten dieser viel besungenen und tausendfach fotografierten Alm, aber auch versteckte und unberührte Winkel dieses Dolomiten-Kleinodes werden im Laufe der Umrundung berührt. Größtenteils läuft man auf verkehrslosen Wegen und Steigen und begegnet nur ausnahmsweise mal einem Bauer, der mit dem Traktor seine Milch oder das Heu zu Tale fährt.

Von der **Bergstation** nur wenige Schritte rechts empor auf einen Wiesenabsatz, wo ein breiter, unmerklich abfallender Weg gegen Westen zieht, der sich nach dem Waldstück zum Steig verengt, die Wiesenhänge quert und unter der Einkehrstätte Contrin zum **Hotel Icaro** abfällt (½ St.). Von dort erreichen wir in ¼ Std. nach Süden auf einer kehrenreichen Asphalt-

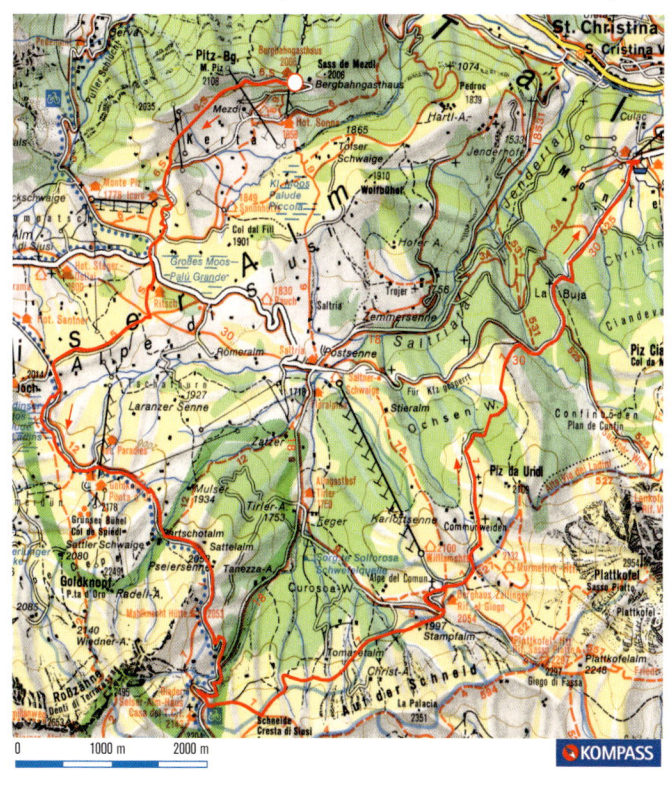

Der Schlern ist das Wahrzeichen der Seiser Alm

straße den an seinen Anbauten leicht erkennbaren **Gasthof Ritsch**, 1875 m. Oberhalb, am Feldkreuz vorbei, südlich auf den Wald- und Wiesenrücken hinauf (Wegweiser; Mark.»S«). In einem Bogen nach Südwesten drehend, steigt ein Feldweg flach an und mündet unter dem auf einer Kuppe liegenden Gasthaus Panorama in einen asphaltierten Fahrweg (Schild; ca. 1 Std. ab Seilbahn; Ende Mark.»S«).

Wir gehen links. Der asphaltierte Fahrweg quert die Hänge des Grünser Bühels – das helle Gasthaus Goldknopf bleibt oberhalb des Weges –, fällt dann zu einer weiten Almmulde ab, umrundet die stumpfen Zacken der Roßzähneausläufer und erreicht die sich dahinter verbergende **Mahlknechthütte** (**Rif.Molignon**), 1½ Std. ab Einmündung in den Asphaltweg.

Hier kann die Rundtour abgebrochen und über den ungeteerten Zufahrtsweg zur Bushaltestelle am Hotel Saltria abgestiegen werden (¾ Std.). Von dort entweder: a) mit dem Linienbus nach Gröden, b) zum Ausgangspunkt, der Bergbahn nach St. Ulrich zurück (Mark.9, 1½ Std.) oder c) auf Forstweg durch das unbesiedelte Jëndertal nach St. Ulrich hinaus (Mark.18; 7,6 km). Die Abzweigung nach St. Christina befindet sich am Talausgang, gleich nach den beiden Wohnhäusern.

Um nun von der Mahlknechthütte, 2053 m, zum **Berggasthof Dialer** (vormals Casa del Touring Club Italiano) hinüberzuwechseln, zwei kleinere Gräben liegen dazwischen, nehmen wir den Steig mit der Mark.7 auf. Er zieht südlich am Wirtschaftsgebäude vorbei, fällt dann in einen Graben ab, in dem Kalk und dunkle Lava sich verzahnen, um nach einem kurzen Aufstieg eine pechschwarze Rinne zu queren, oberhalb der der Gasthof liegt (½ Std.).

Hier bietet sich eine weitere Möglichkeit, die Umrundung abzubrechen und auf der Zufahrtsstraße, Mark.18, nach Saltria abzusteigen (Weiterwege siehe oben).

Vom Berggasthof Dialer zum **Berghaus Zallinger**, 2054 m, den Zufahrtsweg wenige Schritte hinab zur ersten Kehre, wo rechts, östlich, der Steig zum Zallinger, Mark.7, seinen Ausgang nimmt. Man erkennt den stattlichen Gasthof mit der Kapelle etwas unterhalb der riesigen Plattkofelabdachung schon von weitem. Der Steig quert die vielen Rinnen, die vom südlichen Begrenzungskamm der Seiser Alm, »Auf der Schneid« genannt, herabziehen, fällt dann über Weiden führend sanft auf P.1900 ab, um schließlich durch aufgelockerten Wald und Weiden die verlorene Höhe wiederzugewinnen (bis Berghaus ca. 1 Std.). Möglichkeit des Abbruchs: a) mit dem Florian-Sessellift (Bergstation an der verdeckten Williamshütte auf dem Hügel im Norden) nach Saltria hinab. Zu Fuß dorthin: Auf dem Weg zum nahen Sessellift, beim Zaungatter rechts ab und mit Steig 7A zur Niederung hinab. Kurz davor treffen wir auf die Einkehrstätte Saltner Schwaige (Weiterwege von Saltria siehe oben).

Vom Berghaus Zallinger nach **Monte Pana**, 1637 m (Wiesenterrasse oberhalb von St. Christina): Der vor kurzem ausgebaute, dunkelerdige Almweg (Mark.7) beginnt östlich, etwas oberhalb des Gasthofes, am zweiten Wegweiser, wo er sich vom Weg zur Plattkofelhütte trennt. Er führt durch die prachtvollen, unberührten Wiesen am Fuß des Plattkofelgetürms, dann durch den Ochsenwald hinab zur ungeteerten Fahrstraße Seiser Alm – Monte Pana (Fahrverbot) bis zum Ende der Mark.7. An der Einmündung gehen wir mit Mark.30 rechts, östlich, und gelangen dann in einer Stunde (3,7 km) zu der Geländeterrasse Monte Pana im Süden von **St. Christina**.

In den Ort entweder mit dem Sessellift oder zu Fuß auf einem Abkürzungssteig (Abgang von der Teerstraße gleich unterhalb des Liftes; 20 Min.).

Seiser Alm

Mit 50 km^2 ist die Seiser Alm das größte zusammenhängende, bewirtschaftete Almgelände in Mitteleuropa. Die ältesten Zeugnisse menschlicher Präsenz, mehr oder weniger über die gesamte Alm verstreut, datieren hauptsächlich aus der mittleren Steinzeit, 8000–4500 v.Chr. (Funde von Feuersteingeräten an Jägerrastplätzen, in Wohngruben unter überhängenden Felsblöcken an Feuerstellen, Quellen und Wildwechseln). Schon zu Römerzeiten wurde die Alm landwirtschaftlich genutzt. Vom alten Brauchtum, das mit den »Almwochen« verbunden war, hat sich sehr wenig erhalten. Charakteristisch für die Seiser Alm sind die so genannten »Schwoagen« (Schwaighof, der nur Gras und kein Getreide liefert). Heute spielt der Fremdenverkehr eine nicht minder wichtige Rolle. Der große Besucherstrom im Sommer bringt ein erhebliches Verkehrsaufkommen mit sich, das mittels strenger Reglementierungen bewältigt wird. Im Winter lockt – neben den sanften, liftbedienten Hängen – vor allem das weite Loipennetz Tausende von Langläufern an.

DOLOMITEN – GRÖDEN

43

Vom Secedagipfel, 2519 m, nach St. Ulrich, 1236 m

Aussichtsreiche Abstiegswanderung

Ausgangspunkt: St. Ulrich; Bergstation der Seceda-Bahn, 2453 m; Parkhaus an der Talstation.
Gehzeit: 4½ Std.
Charakter: Im Bereich des Picberges Trittsicherheit an einer kurzen Stelle; Abstieg verlangt Kondition.
Einkehr: Troier Schwaige, Fermedahütte.
Markierung: 2B, 1, 2, 6.

Karte: KOMPASS Nr. 59.

Die Abstiegswanderung ist verbunden mit einem Rundweg auf der Aschgler Alm (Mont de Mastlé) – so heißt der liftbesetzte Teil auf der Seceda-Alm (im Gegensatz zur geschützten Cislesalm). Man kann aber auch von der Bergstation der Seceda-Bahn über die unmittelbar darunterliegende Raststätte Sophie und die Skiabfahrt direkt zum Cucasattel absteigen und dort den Steig zum Sëura Sas aufnehmen (Mark.6). Von der mit einer eigenwillig gestalteten Christusfigur gekrönten, abgeschiedenen Felskanzel Sëura

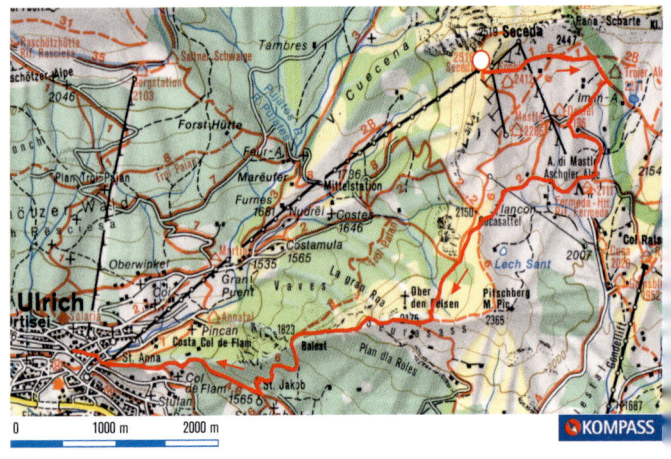

DOLOMITEN-GRÖDNER TAL

Sas (siehe Tour 38) genießt man einen der schönsten Blicke auf das Grödner Tal und seine Gebirgsumrahmung.

verfolgend Richtung Kleine Fermedaspitze weiter. Dort, wo der Steig seinen tiefsten Punkt erreicht (Schild), zweigen wir rechts

Auf dem Weg von der Seceda-Bahn zur Panascharte. Blick zum wolkenverhangenen Sass Rigais.

Von der **Bergstation** wandern wir in 10 Min. über Wiesen hinauf auf den seichten Gipfel der Seceda. Von dort die Bergstation des Sesselliftes umrundend östlich weiter und in wenigen Minuten hinab zum Steig mit Mark.2B (den oberen Steig zur Panascharte, Mark.6, ignorieren wir). Mark.2B

ab zur nahen, sichtbaren Troier Schwaige (Mark.1; 2271 m; Wendepunkt).

Einen Wirtschaftsweg benützend südwestlich absteigend zur wenige Minuten entfernten **Daniel-Hütte** und auf demselben Weg südlich zur etwas tiefer liegenden **Fermedahütte**, 2111 m, die etwas

DOLOMITEN-GRÖDNER TAL

verdeckt knapp rechts am Weg liegt (ca. 1¼ Std.).

Von der Fermedahütte gibt es Fußwege zur Bergstation des Col-Raiser-Lifts (½ Std.), nach St. Christina (1½ Std.) und nach St. Ulrich über St. Jakob (2¼ Std.), Wegtafeln.

Von der Fermedahütte über Sëura Sas nach St. Ulrich: Dem Hinweisschild Pic, Cuca, St. Ulrich nach, leicht ansteigend, westlich die Seceda-Hänge querend, durch duftende Almwiesen in den **Cucasattel**, den man von der Seceda-Bahn auch direkt erreichen kann (2150 m, ½ Std.). Dort laufen wir nicht die Skiabfahrt entlang nach St. Ulrich hinab, sondern benützen den holprigen, aber gut markierten Jägersteig »Troi di Tuëi«, der unmittelbar am Sattel an etwas erhöhter Stelle beginnt. (Schild: Tuëi/Sëurasas/St. Jakob; rot-weiß-rote Mark. ohne Nr.). In wechselvollem Auf und Ab quert er die rinnenreichen Westhänge des Picberges (sprich Pitsch) und steigt über eine Mulde zu einer der großartigsten Aussichtsterrassen des an Naturschönheiten wahrlich nicht armen Gröden, der Sëura-Sas-Alm auf, 2149 m (Wegweiser). **Vorsicht:** Bei diesem Teilstück ist eine schmale und abschüssige Rinne zu queren, in welcher der Steig oft weggeschwemmt ist (für trittsichere Geher kein Problem).

Von der vorspringenden Felskanzel mit der eigenwillig gestalteten Christusfigur im Westen der Alm auf Steig 6 über den Geländeabsatz Plan dla Roles und dann weiter den bewaldeten Baléstkamm zur **St. Jakobskirche** bzw. nach **St. Ulrich** hinab (1000-Meter-Abstieg! 2 Std.).

Rundsicht von der Seceda-Bergstation:

Sie umfasst im Osten die nahen Dolomitriffe der Kleinen und Großen Fermeda, die zusammen mit dem Villnösser Turm und dem Odlastock die westlichen Ausläufer der Geislergruppe bilden. Der Hauptgipfel der Gruppe, der 3025 m hohe Sass Rigais, ist bei klarem Wetter an seinem Gipfelkreuz zu erkennen. Der im Osten der Bergstation gegenüberliegende Almrand wird links von der nicht sonderlich auffälligen Gruppe der Kanzeln begrenzt. Der schutterfüllte Furces-de-Sieles-Kessel trennt sie von den breit hingelagerten Felsabbrüchen des Steviazuges, der, nur erahnbar, eine prächtige Hochalm mit Schutzhaus trägt (siehe Tour 10). Den Talabschluss von Gröden mit dem bekannten Wintersportort Wolkenstein bildet die festungsartige Sellagruppe. Hinter ihrem rechten Grateinschnitt blinkt ein klein wenig der Eispanzer der Marmolada ins Bild. Eingebettet zwischen Sella und der majestätischen Langkofelgruppe liegt im Süden das Sellajoch. Es gibt den Blick auf die blauen Gipfel des Fassatales und der Palagruppe frei. Im Mittelgrund erhebt sich vor der massigen Gestalt des Langkofel der rasenbe-

Die Sëura-Sas-Alm oberhalb von St. Ulrich. Am Horizont von links nach rechts: Adamello-, Presanellagruppe, Tonalepass. In der Mitte südliche Ortlergruppe, Cevedale, Königsspitze und Ortler. Davor dunstbedeckt das Etschtal zwischen Bozen und Meran.

deckte Picberg (dt. Pitschberg). Südtirols prächtigste Alm, die Seiser Alm, ist von der Langkofelgruppe, dem grünen Palaciakamm, hinter dem sich der Molignonzug ausbreitet, und dem zweizackigen Schlern umgeben. St. Ulrich, der Hauptort des Grödner Tales, bietet von dieser Höhe aus betrachtet einen reizvollen Anblick.

Frei schweift der Blick gegen Westen. Am Horizont reihen sich im strahlenden Weiß die Gipfel der Adamello-, Presanella- und der Ortlergruppe. Im Nordwesten schließen sich die Ötztaler und Stubaier Alpen an.

Von der nahen Gipfelkuppe sehen wir auch die Zillertaler Eisgipfel, ja sogar die Hohen Tauern mit der Großglocknerspitze sind in diesem weiträumigen Bergbild vertreten.

Tierser-Alpl-Hütte, 2441 m

An der Pforte zur Rosengartengruppe

Ausgangspunkt: Bergstation, 2006 m, der Umlaufbahn St. Ulrich – Seiser Alm; Parkgarage an der Talstation.
Höchster Punkt: Roßzähnescharte, 2495 m.
Gehzeit: Ohne Rückweg 3½ Std.
Charakter: Bei günstigen Bedingungen für geübte und trittsichere Bergwanderer ungefährlich – aber lang! Am oberen Ende der Anstiegsrinne eine kurze, felsige Stelle.

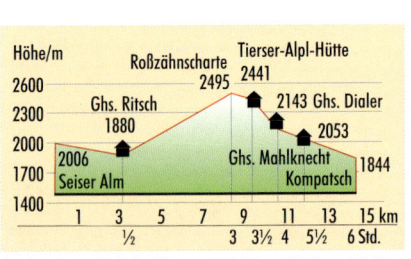

Einkehr: Tierser-Alpl-Hütte, Mahlknechthütte, die Gasthäuser Ritsch und Dialer.
Karte: KOMPASS Nr. 59.

Das Ausflugsziel befindet sich auf der Südseite der Roßzähnegruppe, der Verlängerung des Schlernplateaus gegen Osten. Neben dem Fahrweg, der über die Südseite von der Seiser Alm zur Tierser-Alpl-Hütte hinaufzieht (dieser wird später als Rückweg benutzt), gibt es den Steig auf der Nordseite, über die Roßzähnescharte, das ist der tiefste Punkt in diesem Felszug.

Die Teilstrecke **Bergstation** Seiser-Alm-Bahn – Hotel Icaro – Gasthaus Ritsch – Einmündung in den asphaltierten Fahrweg zum Gasthaus Goldknopf (Wegweiser) ist bei Tour 42 beschrieben.

Achtung! Wir begehen diesen Fahrweg nur ca. 15–20 Min., denn noch vor Erreichen des hell getünchten Hauses zweigt rechts, am Hinweisschild »Gasthaus Panorama«, ein Wiesensteig ab, den wir einen Steinwurf weit gegen Nordwesten verfolgen. Am nächsten Wegweiser (Tierser Alpl, Nr. 2) nun links, südlich abzweigend, die feuchten Wiesen geradlinig empor. Den Felszug der Roßzähne mit der gleichnamigen Scharte, die es zu erreichen gilt, haben wir ständig vor uns.

Eine genauere Beschreibung des Anstiegsweges, der die Wiesenhänge des Grünser- bzw. des Goldknopfbühels quert, erübrigt sich somit. Der Serpentinensteig durch die Rinne benützt die Schutthänge der linken Karseite (man sollte sich von ihrer Steilheit aber nicht beeindrucken lassen und gemächlich seinen eigenen Schritt gehen). Knapp vor der Scharte führt er kurz über eine felsige Stelle.

Auf der Südseite der **Roßzähne-**

DOLOMITEN-GRÖDNER TAL

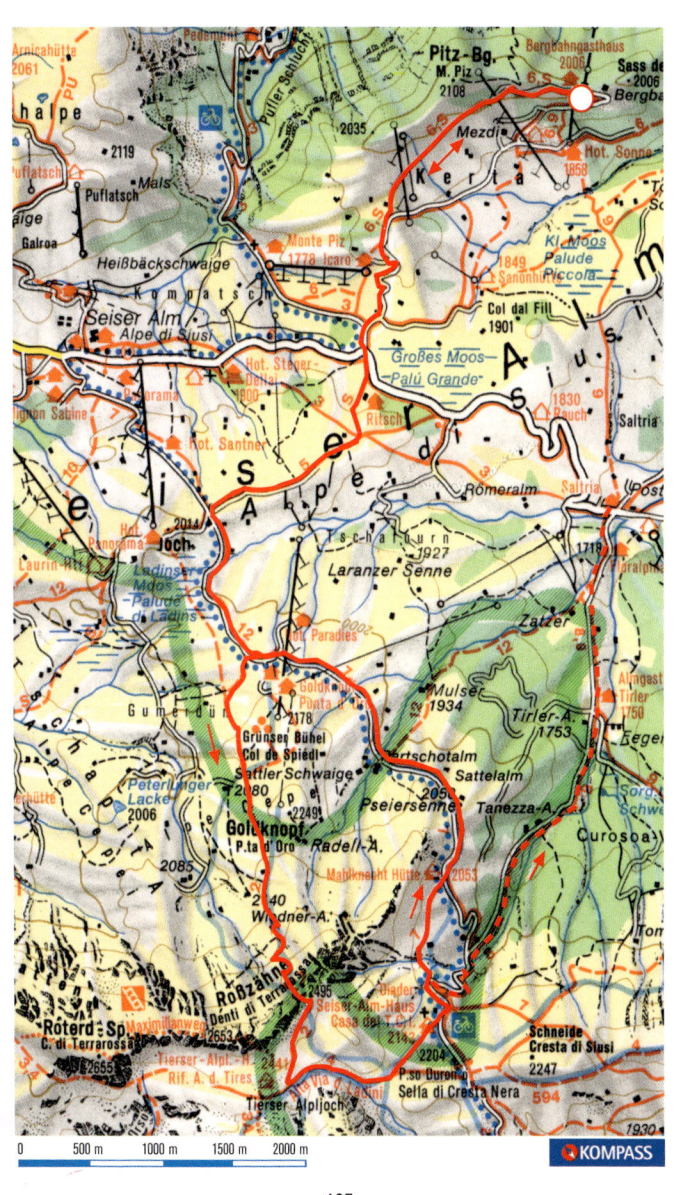

DOLOMITEN-GRÖDNER TAL

Gut sichtbar der zentrale Teil des Anstiegs zur Roßzähnescharte (Einschnitt im schneerinnendurchzogenen Kamm, rechts des Felstürmchens). Der Anstieg verläuft rechts der beiden Wiesenkuppen, oberhalb des hellen Gasthofs Goldknopf.

scharte quert unser Steig die zum Durontal abfallenden Hänge. Eine etwas ausgesetzte Stelle mahnt zur Vorsicht, und man erreicht nach 15 Min. (ab Scharte) das an seinem feuerroten Dach leicht erkennbare private Schutzhaus **Tierser Alpl**, 2441 m.
Rückwege: Auf dem Zufahrtsweg zur Hütte, am großmächtigen Windrad vorbei absteigend zum stattlichen Almgasthof **Dialer**, 2143 m (früher Casa del Touring Club Italiano), ½ Std.

Dort entweder:
a) noch kurz den Fahrweg weiter abwärts zum ersten Wegweiser, dann links auf Steig, Mark.7, in den pechschwarzen Graben hinab und über einen weiteren zur **Mahlknechthütte** (ital. Rif. Molignon; 20 Min.).
Dort wird die Fahrstraße aufgenommen, welche die Roßzähneausläufer umrundet und dann zur Bushaltestelle **Kompatsch** führt (5,5 km; 1½ Std.). Fahrpläne rechtzeitig studieren!

DOLOMITEN-GRÖDNER TAL

Am Schnittpunkt wichtiger Alpenvereinssteige: die Tierser-Alpl-Hütte.

b) Für Gehfreudige mit der nötigen Kondition: Vom Alpengasthaus Dialer auf der ungeteerten Hotelzufahrt zur Almniederung Saltria hinab (1700 m; 6 km; 1–1½ Std.) und von dort entweder nördlich, dem markierten Steig Nr..9 folgend (Beginn unmittelbar hinter dem Hotel Saltria) in 1¼ Std. zum Hotel Sonne und mit einem kurzen Sessellift zur Bergstation der Umlaufbahn nach St. Ulrich.

c) Für ganz besonders Konditionsstarke: Vom Hotel Saltria auf einem verkehrslosen Forstweg nordöstlich durch das Jëndertal nach St. Ulrich (Abzweigung nach St. Christina am Talausgang; Mark.8; 8 km; 2 Std.)

Erdgeschichtlicher Hinweis

Schlern und Rosengartengruppe bildeten in der Trias (vor 248 bis 213 Millionen Jahren) eine zusammenhängende Karbonatplattform, ein einziges Korallenriff, an dessen Flanken sich dunkle vulkanische Tuffe ausbreiteten. Diese weichen und porösen Schichten setzten den mannigfaltigsten Erosionskräften ungleich schwächeren Widerstand als die versteinerten Dolomitenriffe entgegen, die auf diese Weise geschützt erst nach der vollkommenen Abtragung der Lavaschichten der Verwitterung preisgegeben wurden. Das typische Dolomitenbild, Felswände, die aus grünen Alm- und Waldregionen senkrecht aufsteigen, erklärt sich aus dieser geologischen Tatsache.

DOLOMITEN – GRÖDEN

▼
45

Geislerspitzen

Eine Hochgebirgstour für Erfahrene

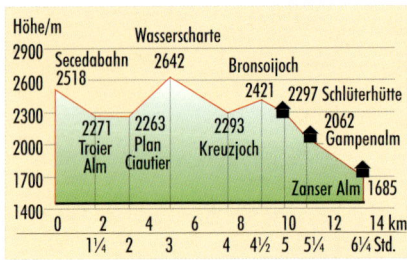

Ausgangspunkte: a) St. Christina, Bergstation der Col-Raiser-Bahn b) St. Ulrich, Bergstation der Seceda-Bahn (wie bei Tour 8 beschrieben, auf Steig 2B in 1 Std. zum Plan Ciautier-Boden; wo er auf Steig 13 von der Regensburger Hütte trifft); gebührenpflichtige Parkplätze an den Talstationen.

Gehzeit: 5 Std.

Charakter: Kondition, Trittsicherheit und eine gewisse Schwindelfreiheit sind notwendig (schmaler Steig in den ausgewaschenen Rinnen; kurzer, aber etwas ausgesetzter Steilabstieg über Schutt auf der Ostrampe der Wasserscharte). Für geübte, erfahrene Berggeher bei normalen Witterungsverhältnissen unbedenklich. Streckenweise deckt sich die Tour mit dem Dolomiten-Höhenweg 2.

Einkehr: Schlüterhütte, Gasthaus Gampenalm, Zanser Alm.

Karten: KOMPASS Nr. 59, 56.

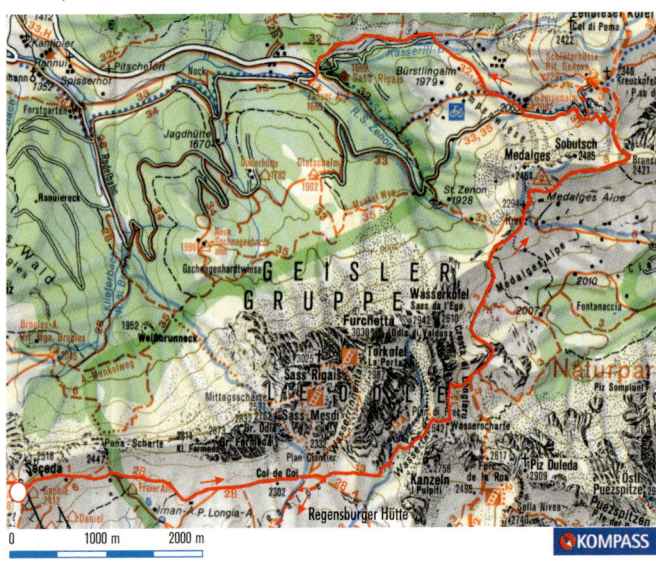

Entweder zu Fuß von St. Christina ab der Talstation der Col-Raiser-Bahn zur **Regensburger Hütte** (Fahrweg, Mark.1; 1½ Std.) oder von der Bergstation der Bahn östlich auf Steig 4, in 20 Min. über hügeliges, zirbenbewachsenes Gelände absteigend zu ihr. Von dort in ¾ Std. auf schönem Steig (Mark.13, Wegweiser: Wasserscharte, Schlüterhütte) nördlich über prächtige Almmatten zum Weideboden **Plan Ciautier** hinauf. (Von Westen mündet hier Steig 2B ein, der von der Bergstation der Seceda-Bahn herführt.) Der Almboden, 2263 m, befindet sich direkt am Fuß des höchsten Gipfels der Gruppe, des 3025 m hohen Sass Rigais, auf dessen Gipfel gleich zwei versicherte Klettersteige führen.

Dem Wegweiser am unteren Weiderand folgen wir in der angegebenen Richtung »Wasserscharte/Furc. Munt da l'Ega« (Mark.13) östlich, queren den Boden und die Schottersträhnen, die vom Wasserrinnental herabströmen (Felskar zur Linken, das nicht berührt wird; lad. Val da la Saliéries). Dahinter nehmen wir den gut erkennbaren Steig auf, der schräg über die grüne Halde zur Mündungsstufe des Wassertales (lad. Val Munt da l'Ega) aufsteigt.

Vorsicht: In den zwei ausgewaschenen Schuttrinnen, die wir am Mündungsabfall queren, ist der Steig mitunter sehr schmal; Tourenstöcke leisten in diesem Falle gute Dienste! Unser Steiglein quert den unteren der beiden Karböden (Mark.13a wird nicht beachtet) - und windet sich dann über die ausgedehnten Schutthalden am Fuß der zackenreichen Kanzeln (lad. Cansles) zur hoch gelegenen, wandüberhöhten Einkerbung der **Wasserscharte** (Furc. Munt da l'Ega, 2642 m) empor, ohne den oberen Schotterboden zu berühren (ab Regensburger Hütte bzw. Secedabahn jeweils ca. 2 Std.).

Von oben Weitblick gegen Osten zu den gegenüberliegenden Gipfeln der Puezgruppe, die riesige Schutthalden ins obere Campillertal hinabschicken. Weit draußen blinken die Häuser von Campill, lad. Longiarú. Die formschöne Westliche Puezspitze, lad. Piz Duleda, liegt uns direkt gegenüber. Im Mittelgrund können wir die Gadertaler Berge (Heiligkreuzkofel) erkennen.

Der Kurzabstieg über die steile Schutthalde auf der Ostrampe - man halte sich rechts an der Wand - verlangt Trittsicherheit und ein wenig Schwindelfreiheit. Der Steig dreht gegen Norden, überwindet einen kleinen Felsabsatz - die Hände werden eventuell zu Hilfe genommen - und fällt in zahlreichen Kehren über die steilen, von Felsköpfen und Blockwerk durchsetzen Wiesen am Fuße der glatten, gelben Felsmauer der Cresta di Longiarú zum Dolomiten-Höhenweg 2 ab (Ende der Mark.13). Mark.3 folgend nördlich weiter. Die Abzweigung nach Campill am tiefsten Punkt dieses

DOLOMITEN-GRÖDNER TAL

*Die Gampenwiesen im innersten Villnößtal mit den Nordwänden der Geislerspitzen.
Der Abstieg von der Schlüterhütte zur Bushaltestelle auf der Zanser Alm führt hier vorbei.*

Wegabschnittes, 2200 m, lassen wir außer Acht und steigen zum **Kreuzjoch** auf (Furc. Medalges oder St. Zenon, 2293 m), wo die Möglichkeit besteht, über die Tschantschenonalm (S. Zenon) westlich hinab direkt zur Bushaltestelle abzusteigen (Mark.33; 1¼ Std.).

Andernfalls geht es mit Mark.3 schräg hinauf über die flach abböschenden, breit hingelagerten Medalgeswiesen zum Übergang am **Bronsoijoch**, 2421 m.

Fantastischer Rundblick:
Im Norden der Peitlerkofel (lad. Sas de Putia, 2875 m) und der sich gegen Westen hinziehende Felszug des Wälschen Ringes. Im Osten erblickt man am Horizont hinter den Bergen des Gadertales (Heiligkreuzkofel) die Pragser- und Sextener Dolomiten. Die Berge von Cortina d'Ampezzo sind durch den abgerundeten Zuckerhut der Tofana di Rozes vertreten. Im Süden breitet sich der lange Felszug der Östlichen und der Westlichen

Puezspitzen aus. Die elegante Felsspitze des Piz Duleda, an der Roascharte, fällt besonders auf. Im Südwesten kann man den gesamten Abstiegsweg von der Wasserscharte weg überblicken (Cresta di Longiarú), dessen Eckberg vom Kampiller Turm gebildet wird. Dahinter erhebt sich der Doppelgipfel der Furchetta.

Zur vom pyramidenförmigen Bronsoi-Grasberg verdeckten **Schlüterhütte** (Rif. Genova) ist es nur mehr ein Katzensprung. Im Schrägabstieg über den von dünnblättrigen Felsschichten durchzogenen Nordhang des soeben erklommenen Sobutschrückens absteigend, erreichen wir einen Wiesensattel, der den direkten Abstieg gegen Westen zum nahen sichtbaren Gasthaus Gampenalm ermöglicht.
Andernfalls umrunden wir den Bronsoi an seiner Ostseite und gelangen kurz darauf über das **Kreuzkofeljoch** (Passo Poma, 2340 m) zur altehrwürdigen Schlüterhütte, 2297 m. Sie trägt den Namen des Dresdener Bankiers, der den Bau um die Jahrhundertwende (1900) maßgeblich mitfinanzierte.
Abstieg zur Bushaltestelle Zanser Alm: Auf dem Hüttenweg oder dem steilen, kehrenreichen Abkürzungssteig (Beginn unmittelbar unter der Hütte) zum **Gasthaus Gampenalm** hinab und dort auf dem am Wirtschaftsgebäude beginnenden Wiesenweg weiter ins Kasseriltal hinab. Die landschaftliche Schönheit dieses Weges ist einzigartig! Am Talboden gabelt sich der Weg: der linke Ast ist gepflegter und vom Gefälle her gleichmäßiger. Auf der **Zanser Alm** gibt es Gasthöfe, Imbissstuben und zwei Parkplätze (1¼ Std.).

Rückfahrt nach Gröden: Mit dem SAD-Linienbus Zanser Alm – Klausen – Brixen (Abfahrt am späten Nachmittag) zur Haltestelle Gasthof Stern, nördlich der Villnösser Brücke. Dort steigt man in den Bus Brixen – Gröden um (Stand Sommer 2000).

Geislerspitzen

Die Geislerspitzen – der Einheimische nennt sie wegen ihrer schlanken, nadelförmigen Felszacken Odles (Nadeln) – dehnen sich im Norden des Grödner Tales in der Ost-West-Richtung aus und trennen Gröden vom benachbarten Villnöß sowie im Osten vom ladinischen Campiller Tal (Longiarú). Steilrinnen und schuttgefüllte Kare, die auf der Südseite der Gruppe zu den prächtigen Almmatten von Cisles abgleiten, trennen die einzelnen Gipfel, die sich von der Nordseite aus betrachtet wie in den Boden eingerammte Riesenkeile ausnehmen. Die zwischen der Seceda und den westlichen Ausläufern der Gruppe eingebettete Panascharte sowie die zentrale Mittagsscharte (Furcela de Mesdí) bilden Übergänge nach Villnöß, die Wasserscharte (Furcella Munt da l'Ega) und die Roascharte leiten ins Tal von Campill.

DOLOMITEN – GRÖDEN

▼ 46

»Troi Paian« – Balést, 1823 m, – Lech da Lagustel, 1824 m

Auf den Spuren mittelalterlicher Ritter

Ausgangspunkt: Furnes, 1681 m (Mittelstation der Umlaufbahn St. Ulrich – Seceda), gebührenpflichtiges Parken an der Talstation.
Gehzeit: 2¼ Std.
Charakter: Kaum Steigungen; Vorsicht beim Queren der vom Picberg herabziehenden Rinnen (kleinere Muren nach Regen).
Einkehr: Am Ende der Wanderung in St. Jakob, oberhalb von St. Ulrich. Entlang des Weges gibt es weder Einkehrstätten noch irgendwelche Behausungen.
Markierung: 8.
Karte: KOMPASS Nr. 59.

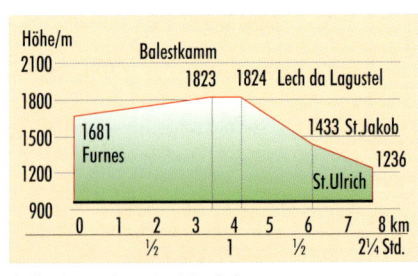

Der erste Abschnitt der Tour führt über den historischen Troi Paian, den vorgeschichtlichen Weg, der Gröden mit dem Eisacktal verband (Fund eines Bronzedolches; Heimatmuseum St. Ulrich).

Von der **Mittelstation** rechts, nach wenigen Schritten unter den Seilen des zweiten Seilbahntraktes hindurch und hinab zur nahen, schindelgedeckten Muratschwaige. Von dort der Wegbeschilderung »Troi Paian – Balést – St. Jakob, Mark.8« folgen. Gleich dahinter wird im Tobel ein Bächlein gequert (Wegtafel) und über den Waldhang aufsteigend danach eine Geländeschulter erreicht. Am Übergang Einmündung in einen Forstweg, den wir absteigend bis zur Kehre am Ravisonboden verfolgen (Schild). Wir queren diesen beim unterirdischen Wasserbehälter. Mit Steig 8 auf eine flache Waldschulter und hintereinander durch mehrere Waldtälchen zum Geröllfeld »Gran Roa«, das uns hinüberleitet zu einem Absatz am **Pitschbergrat** (Balést 1823 m, 1 Std.), der den Übergang zum Haupttal herstellt. (Möglichkeit mit Steig 6 zur St. Jakobskirche abzusteigen.)

Das zum Schmelzwasserteich **Lech da Lagustel** führende Steiglein beginnt wenige Schritte unter dem Bergkreuz mit Bank und zieht dann links, östlich, die Sonnenhänge querend mit Blick zum frei aufragenden Langkofel zum idyllischen Teich (der nur nach der Schneeschmelze wassergefüllt ist)

Der felsdurchwirkte Pitschberggrat oberhalb von St Ulrich, über den der »Troi Paian« verlief.

oberhalb von St. Christina; 20 Min. Dort Wendepunkt: Nach St. Jakob steigen wir auf einem zunächst undeutlichen, unmarkierten Traktorweg ab und gelangen kurz darauf zum Almweg St. Jakob – Sëura Sas, den wir in der absteigenden Richtung verfolgen. An der nahen Gabelung gehen wir rechts. Tiefer unten mündet er in den breiten Traktorweg nach St. Jakob. Wir verfolgen ihn bis zur ersten Weggabelung nach dem doppelarmigen Wetterkreuz. Dort müssen wir entscheiden, ob wir eine der Gaststätten von **St. Jakob** (½ Std. oberhalb von **St. Ulrich**) besuchen, oder den Ort über den Umweg Pezahof – St. Jakobskirche – Col de Flam erreichen wollen. In diesem Falle gehen wir rechts eben weiter und folgen den zahlreichen Schildern.

Balést

Balést, so heißt der Absatz im absinkenden Waldgrat, den man während der Auffahrt mit der Kabinenbahn zur Rechten hat. Dort soll – der Sage nach – einst das verschollene Schloss Stetteneck gestanden haben, bevor es durch einen Bergrutsch in die Tiefe stürzte. (Karl Felix Wolff, Dolomitensagen; »Das Schloss am Abgrund«). Neuen Erkenntnissen zufolge (Grabungen) stand das Kastell aber viel tiefer, auf einer Anhöhe oberhalb des innersten Hofs im Annatälchen (Pincán). Es scheint jedoch, dass der Troi Paian, der vorgeschichtliche Steig, an Balést vorbeizog.

DOLOMITEN – GRÖDEN

47
Toni-Demetz-Hütte, 2681 m
Rundwanderung in die Welt der Senkrechte

Ausgangspunkt: Sellajoch-Schutzhaus 2180 m; Bushaltestelle, gebührenfreier Parkplatz.
Gehzeit: 4–5 Std., je nachdem, ob man beim Abstieg von der Toni-Demetz-Hütte die Bahn benützt.
Charakter: Ausdauer und Trittsicherheit sind von Vorteil; am Ciaulong-Sattel zwei abschüssige Steigstellen; nach Regenfällen ist der Abschnitt Sellajoch – Comicihütte lehmig.
Einkehr: Comicihütte, Langkofelhütte, Toni-Demetz-Hütte, Mont-de-Sëura-Schwaige.
Markierung: 526/528, 526, 525.
Karte: KOMPASS Nr. 59.

Vom Parkplatz am **Sellajochhaus** (Rif. Passo Sella) über die Straße zur alten Garage mit den roten Toren, Mark. 526/528, bzw. zum ebenen Absatz hinter den zwei nahen, baufälligen Hütten. Dort Gabelung: Nicht links, den einladenden Weg entlang, sondern rechts, nördlich, das unscheinbare Steiglein, das sich durch das von Zirben bestandene Felsblockgewirr der **»Steinernen Stadt«** windet, um dann über Wiesen, am Fuß der rund 1½ km langen Nordostwand des Langkofels entlang, in ¾ Std. die **Comicihütte** (2153 m) zu erreichen. Um die Umrundung des Langkofel fortzusetzen, gibt es ab der Comicihütte

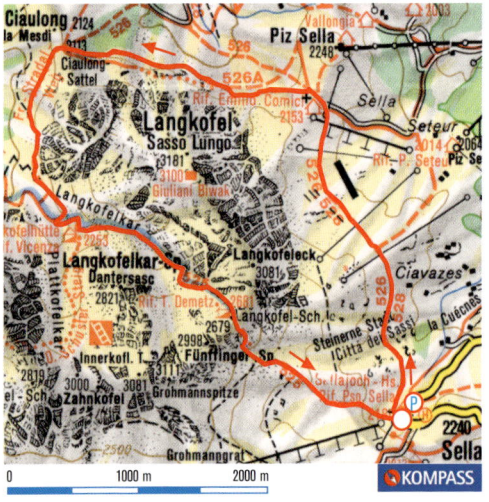

für den Weiterweg zwei Möglichkeiten:
a) Mark.526/528 folgend, westlich über den Sattel und über steinige Weiden zu einem lieblichen Seeauge mit einem baumbesetzten Felsblock hinab (Steigtrennung; Schild: links, 526A Langkofelhütte/Rif. Vicenza) erst abfallend, dann über die Schuttkegel am Fuße der Langkofel-Nordwand und eine Blockzone ansteigend, zum zirbenbestückten Grat, der dann den Blick gegen Westen, zur Seiser Alm hin, frei gibt (**Ciaulong-Sattel**, 2113 m; ca. 40 Min.).
b) Der weit eindrucksvollere, aber nicht ungefährliche, weil steinschlaggefährdete Steig, der zudem etwas Trittsicherheit verlangt, geht vom Abstellplatz auf der Rückseite der Hütte zwischen Steintrümmern westlich abwärts, unmarkiert, verläuft dann parallel zum eben beschriebenen Weg, aber unmittelbar unter der 1000 m hohen Wandflucht. Ein starkes Erlebnis! Wiedervereinigung beider Steige am Ciaulong-Sattel. Von hier kann man in 10 Min. die Bergstation des Sesselliftes Mont de Sëura – Monte Pana (St. Christina) erreichen; nördlich, Wegtafel.
Der Weiterweg vom Ciaulong-Sattel zur **Langkofelhütte**, 2253 m, ist vorgegeben (Mark.526, 1 Std., siehe Tour 18). An der Langkofelhütte Möglichkeit die Tour abzubrechen und zu Fuß nach Monte Pana/St. Christina abzusteigen (Mark.525; 1½ –2 Std.; Tour 18). Um die Umrundung fortzusetzen, verfolgt man von der Hütte weg

Der Verbindungssteig zwischen dem Sellajoch und der Comicihütte verläuft durch das Blockgelände der »Steinernen Stadt«

Steig 525, der ansteigend durch das gewaltige, felsumringte Oval des Langkofelkars zu Füßen der markanten Fünffingerspitze zur **Toni-Demetz-Hütte** aufsteigt (1½ Std.).
Von dort entweder zu Fuß auf windungsreichem Steig über Geröll oder mit einer Gondelbahn zum **Sellajoch** hinab.
(Beachte die ladinische Schreibweise: **Ciaulonch**).

DOLOMITEN – GRÖDEN

48

Puezhütte, 2475 m

Hüttenanstieg für sportlich Ambitionierte

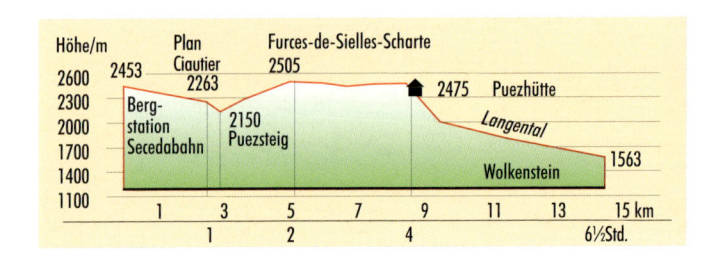

Höhe/m	Plan Ciautier	Furces-de-Sielses-Scharte				
2600 2453	2263	2505				
2300			2475 Puezhütte			
2000 Bergstation	2150		Langental			
1700 Secedabahn	Puezsteig				1563	
1400			Wolkenstein			
1100						
1   3   5   7   9   11   13   15 km
1   2   4   6½ Std.

Ausgangspunkt: St. Ulrich, Bergstation Seceda-Bahn, 2453 m; St. Christina, Bergstation Col-Raiser-Bahn, 2102 m; gebührenpflichtige Parkplätze an den beiden Talstationen.
Höchster Punkt: Übergang Furces de Siëles zur Puezhütte, 2505 m.
Gehzeiten: 4 Std. bis zur Puezhütte (etwa 7 km ab Col Raiser), 2–2½ Std. Rückweg durch das Langental bis Wolkenstein.
Charakter: Sehr lange Tour, die gute Kondition und im Abschnitt Siëlesgrat auch eine gewisse Trittsicherheit und Schwindelfreiheit voraussetzt (fixe Drahtseilversicherung)
Einkehr: Puezhütte
Markierung: 4, 2/3, 2, 14
Karte: KOMPASS Nr. 59

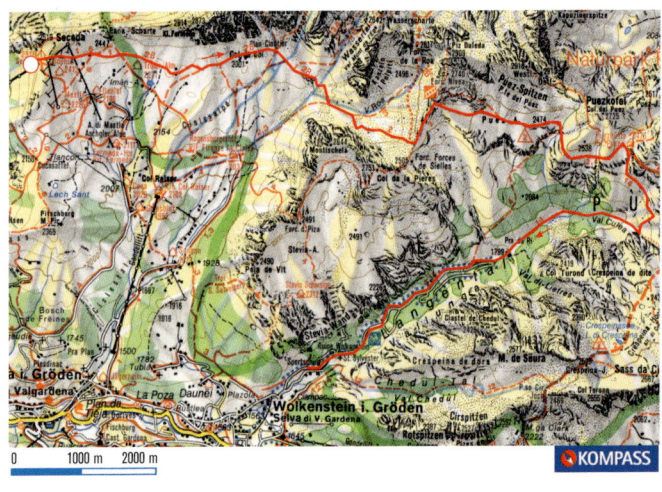

DOLOMITEN-GRÖDNER TAL

Der vom Plan-Ciautier-Boden (helle Schotterzungen) herunterführende Steig 2B verbindet sich nach Querung des Schotterbettes im Vordergrund mit dem Puezsteig (Mark.2)

Von der **Seceda-Seilbahn** zunächst mit Mark.2B unter den Geislerspitzen zum Weidenboden **Plan Ciautier**, 2263 m (1 Std.; siehe Tour 8). Weiter, südöstlich über Schotter und Weiden, dann hinab zum trockenen Geröllbett und zum Eingang ins Furces-de-Siëles-Kar; Ende der Mark.2A und Zusammentreffen mit dem Verbindungsweg (Mark. 2/3) Regensburger Hütte – Puezhütte.

Von der **Col-Raiser-Bergbahn:** Der Mark.4 nach in 20 Min. zur Regensburger Hütte. Am oberen Hauseck weiter auf dem Puezsteig (Mark.2/3). Über ein Weidetälchen, einen Arvenhügel und einen flach ansteigenden Boden erreichen wir den Eingang in das gegen Osten gerichtete Furces-de-Siëles-Kar. In seinem oberen Abschnitt Steigteilung mit Wegweiser: Wir folgen der Mark.2 und erreichen über einen blockbedeckten Absatz die steile Siëles-Scharte (2505 m; 2 Std.). Nun links, nördlich, über eine verwitterte Gratschulter (mit fixer Drahtseilsicherung), die den Übergang zur geröllbedeckten, hügeligen Puezalpe herstellt, die von den gleichnamigen unprofilierten Felsgipfeln erhöht wird. Achtet man auf die Markierung, kann der Weiterweg zu der verdeckten **Hütte** nicht verfehlt werden, insbesondere nachdem von links der viel begangene und gut markierte Dolomiten-Höhenweg 2 einmündet (Mark.2 im roten Dreieck), der das gleiche Ziel anstrebt. Ab Scharte 2 Std.

Abstieg durch das **Langental** nach **Wolkenstein**, 2–2½ Std.: Der Steig mit Mark.14 beginnt unter der Hütte. Er fällt durch eine breite Lücke im gelbroten Felszug der Puezalpe ins hinterste Langental ab. Vom Talende bis nach Wolkenstein sind es noch ca. 6,5 km (Mark.14, später 4/14).

DOLOMITEN – GRÖDEN

49

Aschgler Alm, 2170 m
Über blühende Matten am Fuße stolzer Felstürme

Ausgangspunkt: Wolkenstein, 1563 m, Ortsteil Daunëi, 1680 m (Pension Daniel; Parkplatz).
Höchster Punkt: Cucasattel, 2153 m.
Gehzeit: 4½–5 Std.
Charakter: Der erste Teil vom Cucasattel nach Oberwinkel hinab ist steil.
Einkehr: Regensburger Hütte, Fermedahütte.
Markierung: Nr. 3 bis zur Regensburger Hütte, dann Nr. 2 bis St. Ulrich.
Karte: KOMPASS Nr. 59.

Die Wanderung schenkt vor allem zur Zeit der Bergblumenblüte in der Vorsaison (Mitte Juni – Mitte Juli) nachhaltige Eindrücke, ist doch die Dolomitenflora wegen ihrer großen Artenvielfalt berühmt. Der erste Abschnitt von **Wolkenstein** über die aussichtsreiche Wiesenschulter von **Juac** (sprich Schuatsch, 1900 m) zur **Regensburger Hütte**, 2037 m ist unter Tour 13 beschrieben (2 Std.).
Von der Regensburger Hütte folgt man dem Wegweiser an der Hüttenumzäunung. Zunächst auf dem Weg zur Col-Raiser-Bahn (Mark.

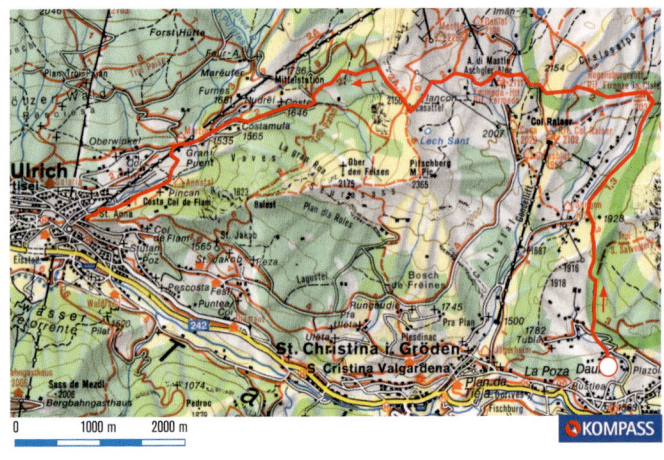

4/2) etwa 300 Schritte weit. An einer wegweiserlosen Stelle trennt sich rechts der Steig mit Mark.2, den wir nun begehen, und läuft unter einem sandigen Abbruch dahin, um nach ca. ¼ Std. in den Weg Col-Raiser-Bahn – Fermedahütte einzumünden. Auf diesem westlich in einer weiteren ¼ Std. zur **Fermedahütte**.

Dritte Etappe Fermedahütte – Cucasattel, 2153 m: Er liegt westlich zwischen dem grasigen Monte Pic im Süden und der Seceda im Norden und vermittelt den Übergang nach St. Ulrich (½ Std.).

Vom Nebengebäude der Fermedahütte westlich hügelaufwärts, Mark.2, eine Mulde auslaufend, an Heuhütten und Zirbenwäldchen vorbei auf eine Wiesenschulter, die zum **Cucasattel** abfällt. Wir treffen dort auf die geländerbewehrte Seceda-Skiabfahrt und begehen sie etwa 500 m (die Vieh-Absperrung, die wir im Abstieg antreffen, weist ein Gatter auf!). Am Ende der Aufhängevorrichtung für die winterlichen Sicherheitsnetze zweigen wir dann an bezeichneter Stelle (St.Ulrich, Mark.2) von der Skipiste links ab und benützen ein steiles Steiglein, das über eine Waldschulter, ein Waldtälchen und schließlich, tief unten wieder über die Skipiste, die dort ein enges Tälchen durchläuft, zu den obersten Bauernhäusern von **Oberwinkel** (erhöhter Ortsteil von St. Ulrich; 1490 m) abfällt.

Wer auf der Skipiste verbleibt, Mark.2A – sie wird vom grobschotterigen Güterweg zur Bergbahnstation durchzogen – erreicht die Mittelstation Furnes, 1681 m; am Schluss über Wiesen. Die Seile

Aschgler Alm: Blick auf den Imanteich am Weg zur Troier Schwaige. Im Mittelgrund der Pitschberg. Dahinter die Silhouette des Schlern und am Horizont die Gletscher von Adamello und Presanella

der Bahn geben im unübersichtlichen Gelände die Richtung an. In Oberwinkel, nun Asphaltweg, sollte man von der »Hohen Brücke« aus (lad. Gran Puënt) einen Blick in die darunter liegende, canyonartige Felskluft aus rotem Porphyr werfen, die der Bach ausgefräst hat. **Achtung:** Beim darauffolgenden Gehöft (Haus Martin), wo die Raschötzerstraße ihren Ausgang nimmt, steigt man, um dem Anrainerverkehr auszuweichen, an bez. Stelle links über Wiesen hinab zum schön gelegenen Café Annatal (Val d'Anna) und benützt von dort den schattigen Spazierweg, der am Annabach entlang ins Ortszentrum führt (½ Std. ab Café).

DOLOMITEN – GRÖDEN

50
Über die Vallongiahütte, 2030 m, nach Plan de Gralba

Einer der schönsten Hütten-Abstiege

Ausgangspunkt: Wolkenstein, Bergstation der Ciampinoi-Umlaufbahn, 2254 m; Parkplatz an der Talstation oder vor dem Kulturhaus Oswald von Wolkenstein.
Gehzeit: 1½ –2 Std.
Charakter: Abstiegswanderung auf Wirtschafts- und Naturwegen.
Einkehr: Vallongiahütte, Ciadinathütte.
Markierung: Durchlaufend mit der Nr. 21 ausgeschildert.
Karte: KOMPASS Nr. 59.

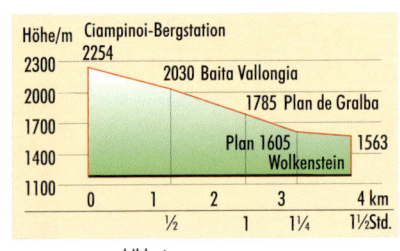

Auf den Gipfel des Ciampinoi führt eine Umlaufbahn. Durch die Alpinen Skiweltmeisterschaften bzw. die alljährliche Weltcup-Abfahrt bekannte Skipisten überziehen den Berg.

Ein im wahrsten Sinn des Wortes grandioses Gipfelpanorama, in dessen Zentrum der nahe, frei aufragende Felsklotz des Langkofel, 3181 m, steht, erwartet den Besucher. Im Südosten und Osten riegelt die lang gezogene, festungsartige Sellagruppe das Grödner Tal ab. Im Norden dieser Felsburg liegt das Grödner Joch, im Süden, zwischen den Drei Sellatürmen und der Langkofelgruppe eingelagert, das Sellajoch. Die Talfurche mit ihren drei bekannten Ortschaften St. Ulrich, St. Christina und Wolkenstein ist in allen ihren

Einzelheiten sichtbar. Auch hier, rund um den Ciampinoi, offenbart sich die Charakteristik der Dolomiten in vollkommener Weise.

Der Abstiegsweg von der **Ciampinoi-Bergstation** zur Vallongiahütte, die man von oben gut ausmachen kann, weil sie am Teich und an der Talstation des von Süden heraufführenden, im Sommer aber stillstehenden Sesselliftes liegt, beginnt am Endpfeiler des Piz-Pransëies-22-Liftes (der Name ist am Lift angebracht). Er quert in leichtem Gefälle die Flanke des mit einem Kreuz versehenen Ciampinoigipfels (dunkles Lavagestein) und fällt über Wiesen zum **Tieja-Sattel** ab (sprich Tieschia; 2127 m, Wegweiser). Dort verlassen wir den Steig zur Comicihütte und steigen links, östlich, Mark. Nr.21 folgend, zur 10 Min. entfernten **Baita** (ital. = Almwirtschaft; heute allgemein Berggastwirtschaft) **Vallongia** ab. Von dort kann man den weiteren Abstieg nach Plan de Gralba mit einem Besuch der urigen **Ciadinatschwaige** (Ausschank) verbinden, die man auf einem in unmittelbarer Hüttennähe ausgehenden Waldsteiglein erreicht (Wegweiser, ca. 5 Min.).

Der weitere Abstieg nach **Plan de Gralba** wickelt sich in beiden genannten Fällen auf einem Güterweg ab, der tiefer unten auch den von der Comicihütte kommenden mitnimmt (ab Vallongia etwa 30 bis 45 Min.).

Von Plan de Gralba entweder mit dem Bus oder über die Skipiste, die das linke Ufer des jungen Grödner Baches verfolgt, nach **Wolkenstein/Plan** absteigen

Blick von der Bergstation der Ciampinoi-Bahn auf die tiefer liegende Vallongiahütte. Hinten die Sellatürme.

bzw. den hübschen, mit Ruhebänken ausgestatteten Fußweg am rechten Ufer benützen (weiter Mark.21; 20 Min.).

Bushaltestellen: Hotel Plan de Gralba an der Passstraße sowie Plan, ein östlicher Ortsteil von Wolkenstein, und natürlich Wolkenstein selbst.

STICHWORTVERZEICHNIS

(Gerade Ziffern verweisen auf Tournummern; *kursive Ziffern* auf Seitenzahlen)

Ampezantal 27
Arnikahütte 32
Aschgler Alm *14*, 22, 43, 49
Balést *133*, 46
Bergerturm 17
Bergrettung *19*
Boèhütte 12, 17
Brogleshütte, -scharte 7, 12, 20, 25, 40
Bronsoijoch 45
Cason, Einkehr 7
Chedultal 19
Ciadinatschwaige, Einkehr 50
Ciampaijoch 39
Ciampinoi *15*, *25*, 26, 27, 50
Ciaulong-Sattel 18, 20, 26, 47
Ciralm 1
Cirjoch 12, 19, 39
Cirspitze, Große 35
Cirspitze, Kleine (Klettersteig) 21
Cirspitzen 19
Cislesalm *14*, 2, 8
Clarkhütte 19, 39
Coburger Weg 17
Col da la Piëres 34
Col Raiser *15*, *24*, 2, 3, 16, 22, 34, 40, 43, 45, 48
Comicihütte, Emilio- 20, 27, 47
Compatsch *23*, 6, 32, 44
Confinböden *91*, 18, 26, 30, 37
Crespëinajoch 12, 39
Cucasattel 43, 49
Dantercëpies *15*, *25*, 19, 21, 33, 35, 39
Demetz-Hütte, Toni- 12, 26, 37, 47
Dialer, Gasthaus 42, 44
Edelweißhütte 1, 39
Edelweißtal 39
Euringerspitze *35*
Expresssteig 10, 34
Fermedahütte *15*, *24*, 2, 43, 49
Floralpina, Hotel *23*
Frara, Gasthaus 1, 17
Friedrich-August-Hütte 20
Friedrich-August-Weg 12, 20, 41
Furc. Medalges 45
Furc. Munt da l'Ega 45

Furnes 40, 46
Gampenalm 45
Gamsbluthütte 3
Geislerspitzen *131*, 8, 40, 45
Geologie *6*, *111*, *127*
Glatschalm, Gasthaus 25
Glossar *20*
Gröden 2000 12
Grödner Joch 16, 1, 12, 17, 19, 21, 33, 35, 39
Grohmann-Denkmal, Paul- 15
Hütten (Telefonnummern) *21*
Icaro, Berghotel *23*, 12, 42
Imanteich 2, 40
Jënderتal 24, 30, 36, 42, 44
Juac 10, 13, 31, 49
Klettersteige *25*, 16, 20, 21, 28
Kolfuschg 1, 39
Kreuzjoch 45
Kreuzkofeljoch 45
Langental *77*, 23, 48
Langkofelgruppe (Umrundung) 20
Langkofelhütte 12, 18, 20, 26, 28, 30, 37, 47
Langkofelkar 18, 26
Langkofelscharte *25*, 26, 37
Lech da Lagustel 46
Mahlknecht, Gasthaus 42
Märchenwiese 1
Mittagstal (Sella) 17
Mont de Sëura *15*, 18
Mont-de-Sëura-Sessellift *23*
Monte Pana *15*, 18, 24, 26, 29, 36, 42
Monte-Pana-Sessellift *23*
Monte Pez 5
Monte Piz, Gasthaus *23*, 12
Munkel-Weg, Adolf- *75*, 22, 25
Nives-Klettersteig 16
Oberwinkel (St. Ulrich) 49
Oskar-Schuster-Steig 28
Palotasteig 31
Panascharte 12, 22, 40
Panider Sattel 11
Panorama, Gasthof 6, 12
Pedrutscher Hof 4, 9
Pertini-Hütte, Sandro- 20

STICHWORTVERZEICHNIS

Pisciadùseehütte 12, 17
Piz-da-Uridl 20
Piz Duleda 16
Piza Cuëcena (Kleine Cirspitze) 21
Piz-Ciaulong-Sattel 18, 20
Plan (Wolkenstein) 27, 33, 50
Plan Ciautier 2, 8, 45, 48
Plan de Frea 33
Plan de Gralba 27, 50
Plan Sosaslonch 27
Plattkofel 28, 41
Plattkofelhütte 12, 20, 28, 41
Pontives, Hotel 4
Pordoijoch 17
Pordoischarte 17
Poststeig *33*, 4, 9
Pra Dari 23
Praulëta 14
Puezhütte 12, 23, 48
Pufels 12, 32
Puflatsch (Alm) 32
Ramitzler Schwaige 9
Raschötz *13*, *22*, 7, 9, 12, 22, 25, 40
Regensburger Hütte *31*, 2, 3, 8, 10, 12, 13, 16, 31, 34, 45, 49
Rif. Passo Sella 12
Rif. Valentini 12
Ritsch, Gasthaus 12, 42, 44
Roascharte *131*, 16
Rodellajoch 20, 41
Roßzähnescharte 6, 44
Saltner Hütte (Tschapitalm) 5, 12
Saltner Schwaige (Saltria) 24, 29, 42
Saltria (Hotel) *23*
Saltria *89*, 24, 29, 36, 42, 44
Santnerspitze *35*
Sas da Ciampac 39
Sass Pordoi 17
Schlern *35*
Schlernhaus 5, 6, 12
Schlüterhütte 45
Schnürlsteig 32
Seceda-Bahn *13*, *22*, 8, 40, 43, 45, 46, 48
Secedagipfel 43
Seiser Alm *12*, *119*, 5, 6, 12, 29, 32, 36, 42, 44
Seiser-Alm-Umlaufbahn *22*
Sellagruppe 12, 17
Sellajoch, -haus *16*, 12, 20, 26, 37, 41, 47
Sëura-Sas-Alm, -Kreuz 38, 43
Siëles-Scharte (Furces-de-) 16, 34, 48
Sobutsch 45
Sonnenlift *23*
St. Christina *14*, 2, 14, 15, 24, 29, 30, 34, 36, 37, 38, 40, 42, 43, 44, 45, 48
St. Jakob *55*, 14, 15, 38, 43, 46
St. Peter 4
St. Ulrich *12*, 3, 4, 7, 8, 9, 12, 14, 15, 25, 29, 30, 32, 36, 38, 40, 42, 43, 44, 45, 46, 48, 49
St.-Sylvester-Kapelle 19, 23
St.-Sylvester-Scharte 10, 31
Steinerne Stadt 20, 37, 47
Steinzeitfunde *97*, *119*
Steviahütte *45*, 10, 31, 34
Steviola 31
Tagusens 11
Tieja-Sattel 26, 50
Tierser-Alpl-Hütte 6, 12, 44
Touristensteig 5
Trenker-Promenade, Luis- 15
Troi Paian 46
Troier Alm/Schwaige 2, 22, 40, 43
Trostburg 11
Tschatterlinsattel 9
Überbacher, Gasthaus 4, 12
Ulëtahöfe 15
Val Munt da l'Ega 45
Val Setus 17
Vallongia, Jausenstation 50
Villnößtal 25
Waidbruck 11
Wasserscharte 45
Wetter, -bericht *18*
Williamshütte *23*, 29, 42
Wolkenstein *91*, 10, 13, 19, 23, 26, 27, 31, 33, 48, 49, 50
Zallinger, Berghaus 24, 29, 41, 42
Zanser Alm 25, 45

KOMPASS
Nr.1 für Wanderkarten

KOMPASS 059 — Klausen und Umgebung / Chiusa e dintorni — 1:35 000

KOMPASS 59 — Sellagruppe / Gruppo di Sella — 1:50 000

KOMPASS 616 — Gröden/Val Gardena · Sella · Canazei — 1:25 000

www.kompass.at